메이커가 처음 만나는

기초 전기

전자

AND

TINKERCAD

틴커캐드

서킷 Tinkercad
Circuit

메이커가 처음 만나는
기초 전기전자 AND 틴커캐드 서킷

ISBN 978-89-314-6604-1

* 이 책의 사진은 Autodesk사의 Tinkercad 화면을 캡처하였습니다.

독자님의 의견을 받습니다.
이 책을 구입한 독자님은 영진닷컴의 가장 중요한 비평가이자 조언가입니다. 저희 책의 장점과 문제점이 무엇인지, 어떤 책이 출판되기를 바라는지, 책을 더욱 알차게 꾸밀 수 있는 아이디어가 있으면 팩스나 이메일, 또는 우편으로 연락주시기 바랍니다. 의견을 주실 때에는 책 제목 및 독자님의 성함과 연락처(전화번호나 이메일)를 꼭 남겨 주시기 바랍니다. 독자님의 의견에 대해 바로 답변을 드리고, 또 독자님의 의견을 다음 책에 충분히 반영하도록 늘 노력하겠습니다.

주 소 : (우)08507 서울특별시 금천구 가산디지털1로 128 STX-V 타워 4층 401호
이메일 : support@youngjin.com
※ 파본이나 잘못된 도서는 구입처에서 교환 및 환불해드립니다.

STAFF
저자 전다은, 엄주홍 | **감수** 임병율 | **총괄** 김태경 | **진행** 차바울 | **디자인·편집** 김효정 | **영업** 박준용, 임용수, 김도현
마케팅 이승희, 김근주, 조민영, 김도연, 채승희, 김민지, 임해나, 이다은 | **제작** 황장협 | **인쇄** 제이엠

메이커가 처음 만나는

기초 **전기 전자**

AND

TINKERCAD

틴커캐드 서킷

Tinkercad Circuit

온라인 회로 테스트와
전자 작품 만들기

YoungJin.com Y.
영진닷컴

틴커캐드는 내가 2014년부터 열렬히 사용한 가장 아끼는 프로그램이다. 처음에는 직관적이고 쉽게 3D 모델을 만드는 것에서 시작했다. 2017년에 전자 회로를 만들고 시뮬레이션 하는 '서킷'이 틴커캐드 안으로 들어왔다. 틴커캐드를 교육으로 가장 많이 활용하는 나로써는 반가운 소식이지 않을 수 없었다. 하지만 기본적인 전기전자에 대한 이해 없이 서킷을 소개하고 다루는 것은 쉽지 않았다.

기초를 배우지 않고 그저 '따라서' 전기전자를 배운 학생들은 브레드보드 사용을 이해하지 못한다. 그래서 꼭 같은 색의 전선을 사용해야 하는 줄 알고, 꼭 같은 구멍에 점퍼선을 끼워야 하는 줄 안다. 미니컴퓨터(아두이노 등)를 다루는 것이 우선이 아니라, 이게 왜 그런지 먼저 질문을 품어야 하지 않을까?

'메이커 탐구생활'은 만들기에 사용되는 기본 도구와 재료의 꿀팁을 소개하는 메이커 다은쌤 채널의 대표 영상 시리즈이다. 2020년 예상하지 못한 팬데믹으로 갑작스러운 공백이 생겨 주홍쌤과 함께 '메이커 탐구생활의 전기전자편'을 만들게 되었다. 기본적인 전기전자의 이해를 돕고 다양

한 전자부품을 소개하는 영상이다. 그리고 손으로 직접 만드는 작품까지 안내하는 책을 2021년부터 집필하기 시작했다.

책을 통해 전자 회로가 아니라도 매일 사용하는 전기에 대한 기본적인 이해와 안전한 사용법은 꼭 알고 갔으면 한다. 더하여 전기의 기초 이론과 메이커로서 쉽게 접히고 사용할 수 있는 전자부품도 구경해 보면 좋겠다. 전자부품이 없어도 틴커캐드 서킷을 이용하면 어디서든 회로를 만들고 테스트 할 수 있다는 것을 알고 있으면 좋겠다.

반짝이며 빛나는 생각을 표현하는 것은 전문가가 하는 어려운 일이 아니다. 전기전자에 작은 관심을 갖기 시작한다면, 여러분은 눈부신 나만의 작품을 만들 수 있을 것이다. 이제 시작해보자!

메이커 다은쌤 전다은

'전기전자'라는 단어는 메이커 여러분에게 어떻게 다가오는가?

이 단어를 자주 접해보지 못했다면 막연하게 어렵다고 느낄 수 있다. 납땜이나 프로그래밍은 왠지 전문적인 지식과 숙련된 기술이 필요해 보인다. 그렇기 때문에 내가 직접 하기보다는 잘하는 사람에게 맡기려고 한다.

그러나 전기전자 분야는 사실 어린이들도 적극적으로 배우고 있는 분야이다. 외국의 어린이들은 납땜을 하고 있고, 우리나라의 초등학생들은 프로그래밍을 배우고 있다. 조금의 용기만 가진다면 우리도 충분히 직접 할 수 있다.

또한 전기전자 분야를 잘 알고 있다면 보다 다양한 기능을 가진 놀라운 작품들을 만들 수 있다. 전기전자는 만들기의 가능성을 새로운 단계로 확장해준다. 같은 그림이라도 LED를 붙여 가로등이 빛나게 만들 수 있고, 캔버스 위에 모터를 달아 종이 꽃이 돌아가는 꽃밭을 만들 수도 있다. 피에조 부저를 달아 파도 소리가 나는 작품을 만들 수도 있다.

이 책을 통해 전기전자와 한 뼘 더 친해져 보자. 가장 중요한 것은 적용과 도전이다. 책을 통해 배운 새로운 관점을 일상생활에 적용해보자. 알게된 전자부품을 생활 주변에서 발견하고 스스로 질문을 던져보자. 스스로 생각하는 힘을 기를 수 있을 것이다.

나아가 전기전자에 대해 배운 내용을 적용하여 작품 만들기에 도전해보자. 실패를 두려워하거나 부끄러워하지 말고 일단 도전하자. 문제와 해결 방법을 깊이 있게 고민하며 여러 번 도전하면서 생각을 행동으로 옮기는 실천력을 기를 수 있다. 그리고 마침내 성공한 그 순간, 이루 말할 수 없는 성취감이 찾아올 것이다.

전기전자를 배우기 위해 메이커 프로젝트에 참여했던 경험이 있다. 전자부품을 잘못 선택하여 다시 사고 납땜을 잘못하여 처음부터 새로 만들었던 적이 한두 번이 아니었다. 그 과정에서 필요한 내용을 직접 조사하고 만들기에 적용해보면서 더 깊이 있게 이해할 수 있었다. 또한 원하는 대로 작동하는 작품을 만들었을 때의 그 쾌감도 잊을 수 없다. 여러분도 배움과 실천의 기쁨을 느껴보길 바란다.

주홍쌤 엄주홍

메이커 여러분 환영합니다.

무엇을 시도할 때, 꼭 새로운 것을 만들지 않아도 괜찮습니다.
어떤 분야를 잘해야 한다거나 완성도가 높은 작품을 만들지 않아도 좋습니다.
메이커는 무엇인가 스스로 만드는 것을 즐기는 사람입니다.
만들기를 좋아하세요? 어떤 재료를 자주 사용하나요?
이 책을 통해서 무엇을 만들어 보고 싶나요?

빛나고 움직이는 걸 만들고 싶어요!

만들기를 하다 보면 번쩍 빛나고 모터가 윙 작동하며 움직이는 작품을 만들고 싶어
집니다. 빛나고 움직이는 작품을 만들려면 전기를 사용해야 하는데, 어디서부터 어
떻게 접근해야 할지 막막합니다. 공부해보려고 전기전자 책을 펼쳐봐도 가득 적혀
있는 공식이 어지럽기만 합니다. 전자부품을 사야겠는데 어디서, 어떻게, 무엇을 검
색해야 할지 모르겠습니다.

이 책을 통해서 여러분도 전기를 사용해서 움직이고, 소리를 내고, 빛이 나는 작품을
만들 수 있습니다. 매일매일 사용하고 있던 전기를 조금 더 이해해 봅시다. 전기가
흘러가는 회로 위에서 만날 수 있는 다양한 전자부품을 알아봅시다. 온라인으로 내
가 원하는 회로를 만들어 시험하고 직접 만들기까지!

여러분이 직접 빛나고 움직이며 소리가 나는 작품을 만든다고 상상해보세요!
정말 짜릿할 것 같지 않나요?

목차

전기를 사용하는 작품을 만들려면

어떤 전자부품이 필요한가요?
전기를 연결하고 만들기 할 때 사용할 수 있는 다양한 전자부품의 역할과 종류를 살펴
봅니다.

CHAPTER ⦂ 01 **만들기를 위한 전원**

CHAPTER ⦂ 02 **전기의 연결 방법**

CHAPTER ⦂ 03 **전자부품**

PART 04 나도 만들 수 있는 작품

이제 직접 만들어 볼까요?
책에서 배운 것을 응용하여 전기를 사용하는 작품을 만들어 봅시다.
전기전자를 사용하는 만들기, 어렵지 않아요!

직접 해보기 **내 손으로 작품 만들기**

⚡ 영상으로 만나는 기초 전기전자 https://bit.ly/2020MAKER

메이커 탐구생활의 전기전자편은 회로 탐구, 전자부품 탐구, 틴커캐드 서킷 탐구로 구성 되어 있다. 책에서 소개된 내용을 영상을 통해 직접 확인해보자.

⚡ 학습 자료와 만나는 학교가자닷컴 https://www.gogo.school/2F/youngmakers/

학교가자닷컴은 현직 선생님들이 만든 학습 콘텐츠를 모은 공간으로 메이커 탐구생활 전 기전자편 유튜브 영상과 동일한 순서로 학습 자료를 제공하고 있다. 책이나 영상에서 소 개하지 않은 여러 사이트나 다양한 유튜브 영상 등의 자료를 제공한다.

⚡ 영상으로 만나는 PART 4 https://bit.ly/2022MAKER

책에서 소개된 전기전자 작품의 만드는 방법을 영상으로 확인해보자.
책에서 이해하지 못했던 부분을 확인할 수 있다.

⚡ 작품을 만들기 위해 부품이 필요하면 https://bit.ly/MechaCircuit

책에서 소개된 작품을 만들기 위해서는 전자부품이 필요하다.
책에서 사용된 전자부품을 구매하고 싶다면 위 사이트를 방문해보자.

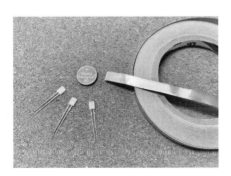 

생활 쏙쏙
이론 쏙쏙
전기

전기 없이 살 수 있을까?

늦은 밤에 집에서 책을 읽으려면 어둠을 밝히기 위한 전기가 필요하다. 매일 사용하는 컴퓨터와 스마트폰도 전기가 필요하다. 생활의 일부인 전기를 쏙쏙 알아보자.

우리가 사용하는 전기가 무엇인지, 어디서 만들어지며, 어떻게 집까지 배송되는지를 알아보고, 효율적이고 안전하게 전기를 사용하는 방법도 알아본다.

전기 활용에 필요한 이론을 짚어본다. '전'으로 시작하는 전자, 전압, 전류 등의 전기와 관련된 다양한 개념을 알아보며 궁금한 전기 이론을 파헤쳐보자.

PART 01

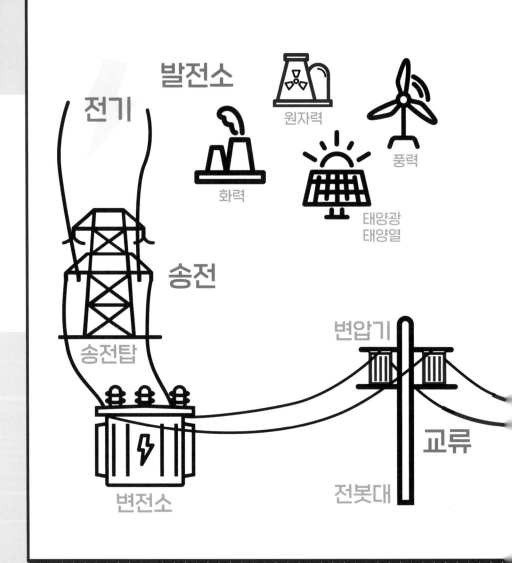

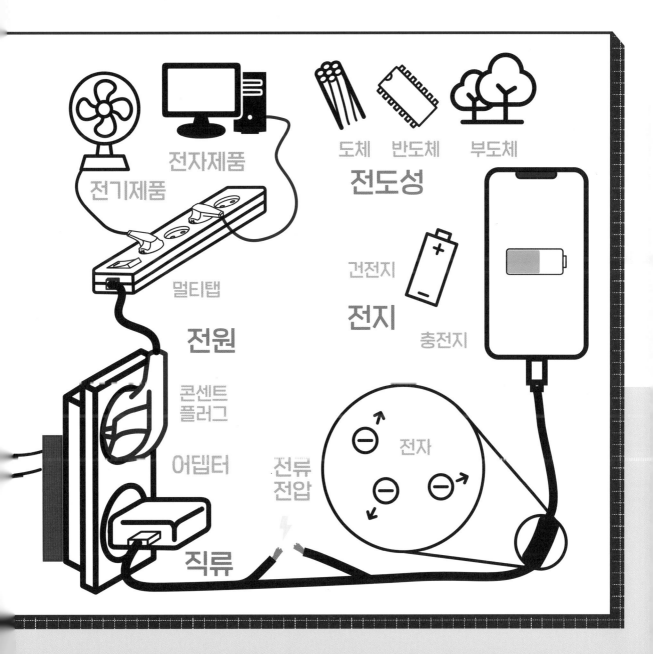

생활 속 전기

일상생활에서 매 순간 전기를 사용하고 있다. 이렇게 언제나 우리 곁에 있는 전기는 어디에서 오는 걸까? 어떻게 집이나 야외에서 전기를 손쉽게 사용할 수 있는 걸까?

이미 자연 속에 존재하는 전기 현상을 떠올리며, 사용하기 위해 만들어낸 생활 속 전기를 탐구해보자. 전기가 만들어지고 우리집까지 배송되는 과정을 살펴본다. 전기 요금을 이해하여 생활 속 전기를 슬기롭게 사용하는 방법도 알아본다. 마지막으로 전선이 연결된 콘센트와 편리하게 들고 다니며 사용할 수 있는 전지도 알아보자.

"앗! 따가워."

하늘에서 번쩍! 내리치는 번개를 본 적이 있다. 겨울철에는 스웨터를 입고 벗을 때 따닥따닥 소리와 함께 따끔하다. 우리는 이렇게 전기를 보고 느낀다.

전기는 무엇일까? 모든 물체에 다 흐를 수 있는 걸까?

1 원래 있었던 전기

기원전 550년경 그리스의 철학자 탈레스는 문지른 호박에 작은 물체가 붙는 것을 보고 정전기를 **발견**했다. **정전기**는 일상에서도 쉽게 겪을 수 있다. 머리를 단정하게 하려고 빗질을 하면 머리카락이 빗을 따라 올라오고, 건조한 날 이불 속에서 움직이면 따닥따닥하며 따끔하다. 풍선을 천으로 문지른 다음, 작은 종잇조각을 붙이는 실험으로 정전기를 만들어 볼 수도 있다.

정전기는 일상생활에서 볼 수 있는 전기의 대표적인 현상이다. 전기는 이처럼 우리 주변 곳곳에 항상 존재해왔다. 그러면 정전기는 모든 물체에서 일어나는 걸까?

⚡ 전기가 통하였는가?! 도체와 부도체

모든 물체에 정전기가 생기거나 전기가 통하는 것은 아니다. **전기**는 **전하**의 움직임으로 인해 발생하는 물리 현상이다. 전하가 잘 움직이게 만드는, 전기가 잘 통하는 물체가 따로 있다. 전기가 잘 통하는 물체, 또는 전기를 잘 전달하는 물체를 **도체** 또는 **전도체**라고 한다. 반면, 전기가 잘 통하지 않는 물질은 **부도체**라고 한다.

우리 주변에서 도체와 부도체를 찾아보자. 어떤 물체가 전기를 잘 전달할까?

▲ 도체 – 물, 구리   ▲ 부도체 – 고무, 나무

같은 도체라고 해도 물질마다 전기가 통하는 정도가 다르다. 전기가 통하는 정도를 **전도성**이라고 한다. 그래서 전기가 잘 통하는 물질을 두고 '전도성이 높다', '전도성이 좋다'라고 말한다.

예를 들어 우리의 몸은 도체라서 전기는 통하지만, 전도성이 좋지는 않다. 하지만 전도성이 높은 물이 우리 몸에 닿아 있다면, 우리 몸의 전도성은 높아져 전기가 더 잘 통하게 된다. 그래서 물이 묻은 손으로는 전기 콘센트를 절대로 만지면 안 된다.

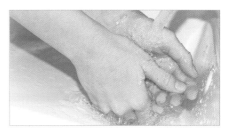

▲ 물 묻은 손은 전기가 통하는 도체이다

💡 더 알아보기

⊕ 전기를 움까밀까 반도체

반도체는 부도체와 도체의 중간인 물질이다. 평소에는 부도체처럼 전기가 통하지 않다가 전압, 열, 빛 등에 의해 전기가 통하도록 변한다. 반도체는 다양한 전기 신호를 만들 수 있어서 휴대폰, 자동차 등 다양한 전자제품에서 사용된다.

정전기 때문에 따끔했던 경험을 떠올려 보자. 순간 따끔하지만 금세 그 느낌은 사라져 버린다. 번쩍 치는 번개도 빠르게 어디론가 사라진다.

이렇게 금방 사라져버리는 전기로 어떻게 스마트폰을 충전하는 걸까?

2 만들어 쓰는 전기

전기를 자유롭게 사용하기 위해서는 이동하는 전기를 어느 한 곳에 저장할 수 있어야 한다. 그리고 사용할 수 있을 만큼의 전기가 일정하게 공급되어야 한다. 전기를 발견한 것은 꽤 오래된 일이지만, 전기를 저장하고 자유롭게 사용하기 시작한 것은 얼마 되지 않았다.

전기를 사용한 대표적인 물건은 1879년 **에디슨**이 발명한 백열전구다. **전구**는 전기에너지를 빛 에너지로 바꿔준다. 인류는 전구의 등장으로 어두운 밤에도 다양한 활동을 할 수 있게 되었다. 지금은 전구뿐만 아니라 전기를 다른 형태의 에너지로 바꿔 사용하는 물건이 매우 많아졌다.

⚡ 발전소에서 만들어지는 전기에너지

풍선을 천으로 문질러서 의도적으로 정전기를 만든 것처럼, 우리는 전기를 만들어 사용하기 시작했다. 전기를 에너지원으로 사용하기 위해 생산하는 것을 **발전**이라고 한다. 전구를 밤새 사용하려면 전기가 꾸준하고 일정하게 공급돼야 했다. 1888년, 에디슨은 전기를 전문적으로 생산하고 관리하는 첫 번째 상업적인 **발전소**를 뉴욕에 세웠다.

전기는 발전소에서 발전기를 돌려서 생산하며, 발전기를 돌리는 동력의 주체에 따라 발전소의 형태를 구분한다. 우리나라에는 대표적으로 화력 발전소와 원자력 발전소가 있다. 그 밖에 태양광, 태양열에너지, 수력, 해양에너지, 지열에너지, 바이오에너지, 폐기물에너지 등을 활용한 발전소가 있다.

💡 더 알아보기

⊕ 화력 발전

석탄, 석유, 천연가스 등 화석 연료를 태워서 생기는 열로 증기를 만들고, 이 증기로 발전기를 돌려 전기를 생산한다. 다른 발전소에 비해 건설 비용이 적게 들고, 대도시 인근에도 건설할 수 있는 장점이 있다. 그러나 이산화탄소와 미세먼지 배출 등의 환경오염을 유발하는 문제가 있다.

⊕ 원자력 발전

우라늄 같은 원자의 핵반응에서 발생하는 열로 증기를 만들고, 발전기를 돌려 전기를 생산한다. 가장 효율이 좋은 발전 방식이다. 하지만 발전 과정에서 생기는 방사성 폐기물의 처리 문제가 있다. 잘못 관리하면 원전 사고로 큰 피해가 발생할 수 있다.

⊕ 신재생에너지

화력과 원자력 발전소를 대신해 수소, 연료 전지, 자연에서 얻은 에너지 등을 사용하는 발전소가 늘어나고 있다. 신에너지는 기존의 화석 연료를 변환하거나 수소, 산소 등을 이용해 만든 에너지다. 재생에너지는 자연에서 얻는 태양열, 태양광, 물, 바람의 힘 등을 이용해 만든 에너지다. 그 밖에 지열에너지, 바이오에너지, 폐기물에너지 등을 활용한 발전소가 있다.

대부분의 발전소는 도시에서 멀리 떨어진 외곽 지역에 있다. 어떻게 멀리 떨어진 발전소에서부터 집까지 전기가 배송되는 걸까? 배송되는 과정에서 전기가 줄어들거나 사라지지는 않을까?

3 배송되는 전기

발전소에서 만들어진 전기는 **전깃줄**을 타고 집까지 배송된다. 전기가 배송되는 것을 **송전**이라고 한다. 대부분의 발전소는 도시와 거리가 멀어서 송전을 위해서는 긴 전깃줄을 설치해야한다. 그래서 긴 전깃줄의 중간중간에는 높은 **송전탑**이 설치되어 있다. 집 근처에서는 **전봇대**가 전깃줄을 각 가정으로 연결한다. 요즘은 전깃줄을 공중에 설치하는 전봇대보다, **지중화사업**으로 전선을 1m 이상 깊이의 땅에 묻는 방식이 늘고 있다.

발전소에서 집으로 전기를 보낼 때, 손실되는 전기를 줄이려고 높은 전압으로 보낸다.
그렇다면 발전소에서 보낸 높은 전압의 전기를 그대로 집에서 시용히는 것일까?

▲ 주상 변압기가 설치되어 있는 전봇대

▲ 땅속에 묻힌 전선, 굴착 금지라고 쓰여 있다

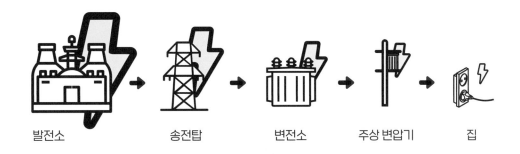

발전소   송전탑   변전소   주상 변압기   집

발전소에서 만들어진 높은 전압의 전기는 집에서 바로 사용할 수 없다. 집으로 오기 전에 송전탑과 몇 개의 **변전소** 또는 **변압기**를 거친다. **변전**은 전기의 전압을 바꾸는 과정으로, 보통은 높은 전압을 낮추는 과정을 뜻한다. 마지막으로 **주상 변압기**를 거치면 발전소의 높은 전압의 전기가 집에서 사용할 수 있는 220V로 바뀐다.

⚡ 전기를 멀리 보내기 위해 선택된 '교류'

1880년대, 에디슨은 전구와 함께 전기를 판매했다. 이때 판매하던 전기는 직류였다. **직류**는 일정한 전압으로 한 방향으로만 흐르는 전류를 말한다. 직류로 전기를 보내면, 사용하는 전구의 개수가 늘어날수록 저항도 높아진다. 따라서 수많은 가정의 전구를 밝게 빛나게 하려면 전압이 높아야 한다. 하지만 발전소에서 보낼 수 있는 전기의 전압은 정해져 있어 발전소와 먼 곳에 있는 전구는 밝지 못했다.

1883년, 과학자 **테슬라**는 교류 모터를 발명하여 전기를 교류 방식으로 송전하기 시작했다. **교류**는 전압의 크기와 방향이 바뀌는 전기로, 직류보다 높은 전압으로 더 멀리 전기를 송전할 수 있다. 현재 우리나라를 포함해 많은 나라가 교류로 송전하는 시스템을 사용하고 있다.

▶ 전류(직류/교류), 전압, 저항의 개념은 52p에서 소개한다.

▶ 메이커 LIVE

EBS 지식e 채널에서 소개한 에디슨과 테슬라의 직류, 교류 이야기를 영상으로 만나보자.

https://youtu.be/PrhtYiHG5oc

매일 저녁, 스마트폰을 충전하기 위해 벽의 콘센트를 찾아 플러그와 연결한다. 그 외에도 세탁기, 냉장고, 청소기, 컴퓨터 등 수많은 전기·전자제품을 아무런 의문 없이 사용하고 있다.

전기제품과 전자제품은 무엇이 다를까? 플러그 모양은 왜 다를까?

4 우리집 전기

전기를 사용해보자! 가장 먼저 무엇을 해야 할까? 콘센트를 찾아야 한다.

콘센트는 플러그를 꽂을 수 있는 구멍을 말한다. 주로 벽의 아랫부분에 있다. **플러그**는 제품과 연결된 전선의 끝 부분으로 콘센트와 연결해서 사용한다. 우리나라가 사용하고 있는 콘센트는 일명 '돼지 콧구멍'이다. 동그란 형태로 중앙에 두 개의 작은 원형 구멍이 있다. 콘센트의 모양과 맞는 플러그를 꽂아야 전기를 사용할 수 있다. 흔히 하는 '전기를 꽂았다'라는 표현은 콘센트와 플러그를 연결하여 '**전원**이 연결됐다'라는 의미다.

▶ **메이커 LIVE**

우리집 전기 콘센트와 플러그를 영상으로 만나보자. 전원을 사용하는 기본 전기 안전도 꼭 확인하자.

https://youtu.be/bRu-UT7AkSI

⚡ 전기제품? 전자제품?

내가 사용하는 물건은 전기제품일까 전자제품일까? 무엇이 다른 걸까?

전기제품은 전기에너지를 다른 에너지로 바꿔서 사용하는 제품이다. 전기는 우리가 사용하는 대표적인 에너지 형태 중 하나이다. 에너지는 빛, 열, 소리, 운동 에너지 등 다양한 형태로 존재하며 서로 형태를 바꿀 수 있다. 전구가 빛나는 것은 전기에너지가 빛 에너지로 바뀐 것이고, 스피커에서 소리가 나는 것은 전기에너지가 소리 에너지로 바뀐 것이다.

여름에 사용하는 선풍기는 전기에너지를 운동 에너지로 바꾸어 모터를 회전시킨다. 겨울에 사용하는 따뜻한 전기장판은 전기에너지를 열 에너지로 바꾼 것이다. 전기제품은 할 수 있는 일이 대체로 하나로 정해져 있고, 사용법이 간단하다. 예를 들면 우리는 선풍기를 사용할 때 날개의 회전 속도를 조절한다.

현재 전기를 사용하는 대부분의 제품은 전기제품이면서 전자제품이다.

세탁기를 생각해보자. 단순히 모터만 돌아가는 게 아니라, 빨랫감의 특성을 파악해서 회전하는 속도나 물의 온도를 조절하는 전자제품의 기능도 가지고 있다.

그래서 앞으로 이 책에서는 전기 · 전자제품의 구분 없이 전자제품으로 부른다.

⚡ 콘센트에서 전자제품으로 이동하는 전기

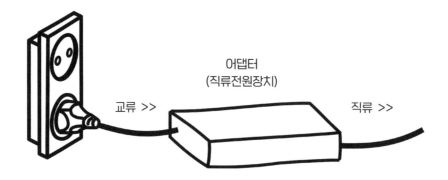

어댑터
(직류전원장치)

교류 >>

직류 >>

발전소에서 집으로 배송되어 콘센트를 통해 들어오는 전기는 220V, 60Hz의 **교류**이다. 전자제품마다 필요로 하는 에너지량이 다르다. 또한 전압이 계속 바뀌는 교류 전기를 전자제품에서 사용하려면 상당히 까다로운 작업이 필요하다. 그래서 많은 전자제품이 교류를 다시 **직류**로 바꿔서 사용한다. 콘센트를 통해 들어온 교류 전기를 제품에 필요한 직류 전기로 바꿔주는 장치를 **어댑터** 또는 **직류전원장치**라고 한다.

우리집에서 사용하는 전자제품의 어댑터를 찾아보자. 큰 제품은 대부분 어댑터가 제품 안에 있어서 눈으로 직접 확인하기 어렵다. 하지만 노트북처럼 얇거나 작은 제품은 어댑터가 따로 분리되어 있다. 노트북 충전선을 보면 전선 중간에 연결된 어댑터를 볼 수 있다.

▲ 노트북 충전 어댑터

5V의 작은 전압을 사용하는 제품의 경우에도 플러그 앞부분에 어댑터가 내장되어 있다. USB 포트를 사용하는 충전기가 대표적이다.

▲ USB 충전 어댑터

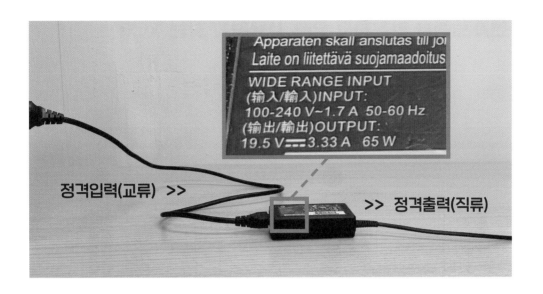

노트북 어댑터를 확대해서 찍은 위의 사진을 자세히 살펴보자. 어댑터에는 받을 수 있는 교류 전기를 **정격입력**(INPUT)으로 표현하고 있다. 그 밑에는 받은 전기를 직류로 내보내는 **정격 출력**(OUTPUT)이 표시되어 있다.

이 어댑터는 입력 전압이 100−240V, 50−60Hz 이어서, 전압이 100V와 240V 사이인 교류를 받을 수 있다. 그래서 플러그의 모양만 바꾼다면 110V 또는 220V의 전기를 사용하는 여러 나라에서 이용 가능하다. 교류를 받은 어댑터는 노트북이 필요한 19.5V, 3.33A 직류로 변환해 준다.

오른쪽 사진은 플러그에 어댑터가 바로 연결된 형태의 전원 전선이다. 확대하여 자세히 보면 정격입력은 AC 100−240V, 50/60Hz, 1.5A, 정격출력은 12V, 2A라고 적혀 있다. 교류를 12V, 2A 직류로 바꿔주는 어댑터다.

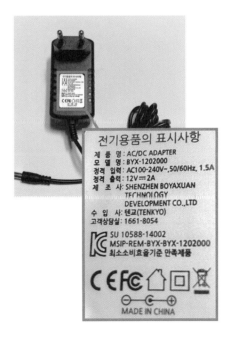

어댑터의 연결 모양이 같더라도 허용 전류가 서로 다를 수 있으니 확인하고 사용한다.

⚡ 전자제품을 안전하고 오래 사용하게 하는 '접지'

전자제품의 전기는 정해진 전선으로만 흘러야 한다. 하지만 설계 오류나 부식 등의 원인으로 다른 곳으로 흐를 수 있다. 이렇게 전선이 아닌 곳이나 원하지 않은 곳으로 전기가 새어 나오는 것을 **누설 전류**라고 한다.

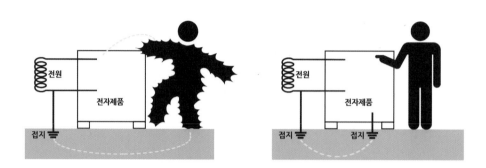

전자제품을 만졌을 때 따끔한 느낌이 들었다면, 전자제품 표면으로 흐르는 누설 전류를 만진 것이다. 누설 전류는 사람을 감전시킬 수도 있다. 그뿐만 아니라 전자제품을 고장 내거나 사용 수명을 줄인다. 이러한 누설 전류를 땅으로 흘려보내 안전하게 전기를 사용할 수 있도록 하는 것을 **접지**라고 한다.

모든 전자제품에 접지가 필요한 것은 아니다. 낮은 전력을 사용하는 스마트폰 충전기는 접지가 없어도 괜찮다. 반면, 높은 전력을 사용하는 노트북 충전기, TV, 냉장고, 또는 물을 사용하는 정수기, 세탁기 등에는 접지가 꼭 필요하다.

2002년 전기용품안전관리법의 개정으로 **접지가 의무화**되었지만, 이전에 만들어진 건물이나 멀티탭에는 여전히 접지가 없는 경우도 있다.

💡 더 알아보기

➕ 누설 전류의 누전

접지가 제대로 이루어지지 않아 누설 전류가 다른 곳으로 흐르는 현상을 **누전**이라고 한다. 전기가 엉뚱한 곳으로 흐르면 감전, 화재 등의 피해를 입힐 수 있다. 그래서 건물에 전기를 설치할 때는 누전 차단기도 함께 설치한다. **누전차단기**는 누설 전류와 과전류, 단락을 감지하여 문제가 발생되면 전기를 끊는다.

⚡ 접지형 콘센트와 플러그

콘센트의 모양만으로도 접지 기능이 필요한 전자제품인지 알 수 있다. 플러그의 모양을 보고 접지 기능을 제공하는지 확인하여 사용한다.

▲ 접지가 없는 플러그   ▲ 접지가 없는 콘센트

접지가 없는 플러그와 콘센트이다. 핸드폰 충전기 혹은 LED 스탠드 등에서 주로 사용한다. 접지가 없는 플러그는 콘센트와 연결하는 단자 부분만 있다. 접지 기능을 제공하지 않는 콘센트에는 플러그를 꽂는 두 개의 구멍만 있다.

▲ 접지가 있는 플러그   ▲ 접지가 있는 콘센트

접지가 있는 플러그와 콘센트이다. 접지가 필요한 플러그는 튀어나온 두 개의 금속 사이에 접지할 수 있는 금속 부분이 있다. 접지가 있는 콘센트는 위, 아래에 튀어나온 금속 부분이 있다.

접지가 되려면 플러그와 콘센트 모두 접지 기능이 있어야 한다. 누설 전류가 플러그와 콘센트의 금속 부분을 통해 땅으로 흐른다.

⚡ 멀리서 한꺼번에, 멀티탭!

전기를 공급하는 콘센트는 보통 벽의 아래쪽에서 두 개의 연결 구멍을 제공한다. 모니터, 스탠드, 충전기, 스피커 등 사용하는 전자제품이 늘어나면서 플러그를 꽂을 연결 구멍의 개수가 부족하다. 이럴 때 사용하는 것이 **멀티탭**이다.

▲ 일반 벽 콘센트 모습

▲ T자형 멀티탭을 꽂은 콘센트 모습

하나의 콘센트에 멀티탭을 연결하면, 그 멀티탭에 여러 개의 플러그를 꽂아 사용할 수 있다. T자형으로 가지치기가 가능한 멀티탭과 길게 선을 늘려 사용하는 멀티탭이 있다.

긴 전선의 멀티탭은 콘센트가 갈 수 없는 곳까지 길이를 늘려준다. 벽에서 멀리 떨어진 곳, 책상이나 천장의 높은 곳에서 전자제품을 사용할 때 멀티탭을 사용하면 편리하다.

운동장이나 야외처럼 콘센트가 없는 곳에서도 주변 건물에 있는 콘센트에 멀티탭을 연결해 전기를 사용할 수 있다.

▲ 책상 위에 올려서 사용하는 멀티탭 모습

안전제일 멀티탭 사용 주의!!!

멀티탭은 전기를 편리하게 사용할 수 있도록 콘센트 길이를 늘려주거나 연결 개수를 확장시켜 준다. 하지만 문어발식으로 많은 멀티탭을 연결해서 사용하면, 전선에 과전류가 흐른다. 과전류는 전선의 허용 전류 이상의 전류가 흐르는 것을 말한다. 그러면 전선에서 발생된 열로 인해 전선이 녹아 누전 또는 화재가 발생할 수 있어 위험하다.

▲ 멀티탭에 또 멀티탭을 꼽지 않는다

벽에 매립된 콘센트와 다르게 멀티탭에는 쉽게 먼지가 쌓이거나 이물질이 들어갈 수 있다.
반드시 전원을 연결하지 않은 상태에서 멀티탭의 먼지를 닦아내고 사용한다. 플러그와 연결하는 작은 구멍의 안쪽 부분까진 닦지 않는다.

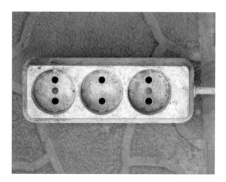

▲ 더러워진 멀티탭은 전원을 분리하고 닦는다

최근에 만들어지는 멀티탭은 모두 접지 기능을 가지고 있지만, 오래된 멀티탭 중에는 접지가 없는 경우도 있다. 콘센트 구멍을 살펴보면 접지를 위한 금속이 보이지 않는다.

▲ 접지가 없는 멀티탭

접지가 없는 멀티탭에 전기 사용량이 큰 제품을 여러 개 사용하면 화재 등으로 위험하다. 오래된 멀티탭은 버리고 접지가 있는 멀티탭으로 교체한다.

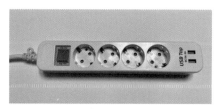

▲ 접지가 있는 멀티탭

"전원을 계속 연결해 두는 게 좋을까?"

집에 있는 콘센트에 플러그를 연결해두면, 밤이든 낮이든 언제나 전기를 사용할 수 있다.
이렇게 원한다면 언제나 사용할 수 있는 전기를 계속해서 무한히 사용해도 되는 걸까?

5 효율적인 전기 사용과 전기 요금

전자제품마다 하는 일이 달라서 필요한 전기에너지량이 다르다. 이때 같은 시간 동안 사용하는 전기에너지의 양을 **소비전력**이라고 한다.

LED 전구와 헤어 드라이기를 비교해 보자. LED 전구는 전기로 빛을 만들고, 헤어드라이기는 전기로 뜨거운 바람을 만든다. 헤어드라이기는 순간적으로 뜨거운 열을 만들어야 해서 더 많은 전기에너지를 사용한다. 즉, 헤어드라이기의 순간 소비전력이 LED 전구의 순간 소비전력보다 크다. 하지만 **사용 시간**도 중요하다. 헤어드라이기는 짧은 시간만 사용하는 반면, LED 전구는 항상 켜놓고 사용한다. 그래서 전자제품이 사용하는 전기에너지의 양은 소비전력과 사용 시간을 함께 고려해야 한다.

냉장고는 365일 항상 전원이 켜져있는 전자제품이다. 계속 차가운 온도를 유지하기 위해 온종일 전기를 사용하며 소비전력도 높아서 집에서 전기를 많이 사용하는 제품 중 하나다.

전기에너지를 쉽게 사용할 수 있다고 해서, 낭비하면 안 된다. 아직도 많은 양의 전기에너지가 화력 발전으로 만들어진다. 전기에너지를 낭비하면 더 많은 전기를 만들어야 하고, 화력 발전소에서 더 많은 석탄 등을 태워야 해서 환경이 오염된다. 하지만 전기에너지를 아끼자고 냉장고를 꺼버릴 수도 없다. 그러면 냉장고 속의 음식이 상하면서 음식이 낭비된다.

어떻게 하면 전기에너지의 낭비를 줄이면서 효율적으로 사용할 수 있을까?

⚡ 에너지소비효율등급

집에 있는 세탁기, 냉장고, TV 등 커다란 전자제품의 옆면을 살펴보자. 오른쪽 그림의 에너지소비효율등급이라는 스티커가 붙어 있다.

에너지소비효율등급은 에너지 효율이 높은 제품을 보급하고 확대하기 위한 제도이다. 쉽게 말해 적은 에너지로 좋은 성능을 자랑하는 제품을 말한다. 즉, 다른 제품보다 적은 에너지를 사용해도 온도를 차갑게 유지할 수 있는 냉장고를 말한다.

에너지소비효율등급은 전자제품을 한 달 동안 사용했을 때 소비하는 전기에너지의 크기를 월간소비전력량으로 표시한다.

출처: 한국에너지공단 에너지소비효율등급 라벨
(전기냉장고 1등급)

1등급은 적은 전기에너지로 많은 일을 할 수 있는 효율이 좋은 제품이고, 5등급은 효율이 낮은 제품이다. 전기에너지를 낭비하지 않고 효율적으로 사용하려면 에너지소비효율등급이 1등급에 가까운 제품을 사용한다.

⚡ 우리집 전기 요금

전기에너지는 공짜가 아니다. 매달 집에서 전기 요금을 내고 있다. 집 밖의 현관문 옆이나 계단 옆에서 찾아볼 수 있는 **전기 계량기**에는 우리집에서 사용한 전기량이 표시된다.

기계식 계량기   출처:한국전력공사(KEPCO) 사이버지점

기계식 계량기 가운데 큰 숫자로 나타난 지침은 계량기를 설치한 시점부터 지금까지 사용한 모든 전기에너지의 누적량을 나타낸다. 맨 오른쪽 끝의 소수점 자리를 제외하고 kWh까지 표시된 숫자를 읽으면 된다. 기계식 계량기 사진에서는 3510kWh를 나타내고 있다.

한 달의 사용량을 알기 위해서는 지난달의 지침을 알고 있어야 한다. 예를 들어 지난달 지침이 3305kWh라고 한다면, 이번달 전기 사용량은 3510에서 3305를 뺀 205kWh이다.

전자식 계량기

요즘은 점차 **전자식 계량기**를 설치하는 추세이다. 최근에 지어진 건물과 아파트에는 전자식 계량기가 설치되어 있다. 전자식 계량기도 가운데에 나타난 지침을 읽으면 된다. 위의 전자식 계량기 사진에서는 8710kWh임을 확인할 수 있다. 기계식 계량기와 마찬가지로 계량기가 설치된 날부터의 누적 사용량이다. 한 달의 사용량을 알기 위해서는 지난달의 지침을 알고 있어야 계산할 수 있다.

출처:한국전력공사(KEPCO) 사이버지점

집으로 오는 전기 요금 고지서를 살펴보자. 지금은 이메일이나 스마트폰으로도 전기 요금 청구서를 확인할 수 있다. 청구서에는 계량기 지침 비교란이 있다. 지난달 지침과 이번달 지침을 표시하여 이번달 전기 사용량을 알려준다. 전기 요금은 이 달의 사용량을 바탕으로 정해진다. 기본 요금과 사용한 전력량에 따라 청구되는 요금이 있다.

한 달에 전기를 200kWh 사용한 집과 400kWh 사용한 집이 있다. 전기 사용량이 두 배나 많으니까 전기 요금도 두 배일까?

전기 요금은 소비가 클수록 더 높은 비용을 내야 하는 **누진세**가 적용된다. 따라서 400kWh를 사용하면 200kWh를 사용한 요금보다 두 배 이상을 지불해야 한다.

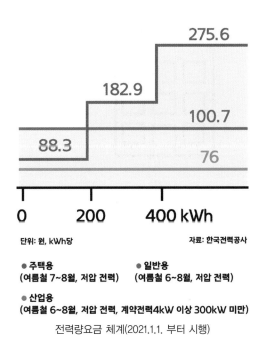

단위: 원, kWh당   자료: 한국전력공사

● 주택용   ● 일반용
(여름철 7~8월, 저압 전력)   (여름철 6~8월, 저압 전력)

● 산업용
(여름철 6~8월, 저압 전력, 계약전력4kW 이상 300kW 미만)

전력량요금 체계(2021.1.1. 부터 시행)

⚡ 전기 요금 계산해 보기

전기를 두 배 더 사용했을 때를 가정하여 전기 요금을 계산해보자. 총 사용량에 맞는 기본 요금을 낸다. 그리고 누진제에 따라 사용한 전력의 구간별로 다른 요금을 적용해서 더한다.

구간	기본요금(원)	전력량 요금 (원/kWh)
300kWh 이하 사용	910	88.3
301–450kWh	1,600	182.9
450kWh 초과	7,300	275.6

2021년 하계 주택용 전력 기준

200kWh 사용한 집

910	기본 요금
+(200 × 88.3)	200kWh를 사용한 요금
= 18,570(원)	전기 요금

400kWh 사용한 집

1600	기본 요금
+(300 × 88.3)	300kWh를 사용한 요금
+(100 × 182.9)	100kWh를 사용한 요금
= 46,380(원)	전기 요금

한달에 200kWh를 사용한 집의 전기 요금은 18,570원이고, 400kWh를 사용한 집은 46,380원이다. 사용한 전기량의 차이는 2배이지만, 전기 요금의 차이는 약 2.5배이다.

실제로 청구되는 전기 요금은 기후환경 요금, 연료비조정 요금, 계절에 따른 추가 요금 등이 더해져 계산한 요금과 다르다. 기후환경 요금은 깨끗하고 안전한 에너지를 위해 소요되는 기후환경 비용의 일부이다. 연료비조정 요금은 전기를 만들 때 사용되는 석탄, 천연가스 등 연료의 가격이 달라짐에 따라서 청구되는 요금이다. 계절이나 시간대별로도 에너지의 과도한 사용을 조정하기 위해 추가 요금을 부여한다. 추가 요금은 자원 낭비를 줄여 환경을 보호하기 위해 더해지는 요금이다. 전기에너지를 낭비하는 것은 자원을 낭비하고 환경을 오염시키는 행동이므로 전기를 아껴서 사용한다.

더 알아보기

⊕ 전기 요금를 미리 계산해 볼까?

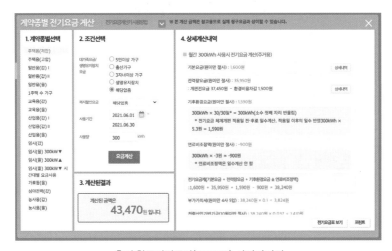

출처:한국전력공사(KEPCO) 사이버지점

한국 전력 사이버 지점에 가서 전기 요금을 미리 계산해 볼 수 있다.
[우리집 전기 요금 미리보기] – [전기 요금 계산기] – [전기 요금 계산기 바로가기]로 접속하여 전기 요금을 계산해보자.

https://cyber.kepco.co.kr/ckepco/indexnfl.jsp

"전기는 모든 나라가 똑같을까?"

해외 여행을 갈 때 스마트폰과 카메라 등은 꼭 들고 간다.
전자제품은 충전해서 사용해야 하는데, 플러그 모양만 맞으면 그냥 연결해서 사용해도 될까?

6 다른 나라의 전기

우리나라는 처음 전기를 도입했을 때 일본의 영향을 받아 110V를 사용했다. 전기 사용량이
늘면서 안정적인 전기 공급이 필요했고, 1970년대부터 전압을 220V로 올리는 승압 사업이
진행되었다. 그래서 현재는 220V를 사용하고 있다. 나라마다 사용하는 전기의 종류, 콘센트
와 플러그의 모양이 조금씩 다르다.

C형   F형

우리나라는 둥근 플러그 중앙에 두 개의 원기둥 다리가 나와있는 C형 콘센트와 플러그를
사용한다. 접지가 추가되어 있는 F형도 사용한다. 우리나라 전기는 220V, 60Hz이다. 유럽
의 많은 국가는 C형을 사용하며 200-250V, 50-60Hz 전기를 사용하고 있다. 특정 국가의
콘센트와 플러그가 궁금하다면 인터넷에 검색해서 확인해보자.

A형

미국과 **일본**은 일명 '11자형'인 **A형** 콘센트와 플러그를 사용한다. 미국은 120V, 60Hz, 일본은 100V, 50-60Hz 전기를 사용한다.

G형   I형

영국과 중국이 사용하는 플러그는 튀어나온 다리가 세 개이다. 영국은 G형 플러그와 240V, 50Hz의 전기를 사용한다. 중국은 I형 플러그와 220V, 50Hz의 전기를 사용한다.

안전제일 ▶ 플러그의 모양만 바꾸면 될까?

다른 나라를 여행할 때 꼭 챙기는 물건 중에 하나가 **멀티플러그**다. 플러그의 모양을 그 나라에 맞게 바꿔서 사용할 수 있는 제품이다.

제품의 어댑터에 **입력전압(INPUT)** 정보가 100-240V, 50-60Hz라고 적혀있다면 대부분 나라에서 플러그의 모양만 바꿔서 사용할 수 있다.

하지만 멀티플러그는 플러그 모양만 바꿀 뿐 전압을 올리거나 낮춰주지 않는다. 전압을 바꿔서 사용해야 하는 제품은 승압용 또는 다운용 **트랜스**를 함께 사용해야 한다. 전자제품의 입력전압보다 전압이 낮으면 기능이 제대로 작동하지 않고, 전압이 높으면 망가질 수 있으니 주의한다.

콘센트가 없을 때는
전기를 어떻게 사용할까?

집이나 건물 안에서는 콘센트를 통해서 전기에너지를 쉽게 얻을 수 있다. 그런데 야외나 이동하는 중에 전기에너지가 필요하면 어떻게 해야 할까? 발전소가 전기를 배송해 주지 않는 곳에서는 전기를 사용할 수 없는 걸까? 전기에너지를 가지고 다닐 수 없을까?

7 가지고 다니는 전기

전기를 사용하려고 항상 콘센트 주위에 있을 수는 없다. 콘센트가 없는 야외에서도 그리고 이동하면서도 전기에너지를 사용할 수 있도록 만든 것이 **전지** 또는 **배터리**다. 우리는 스마트폰을 들고 이곳저곳을 돌아다니며 자유롭게 사용한다. 그것이 가능한 이유는 스마트폰 속의 배터리가 전기를 계속 공급하고 있기 때문이다. 시계, 리모컨, 블루투스 스피커 등 생활 곳곳의 물건에서 전지를 사용하고 있다.

⚡ 전기에너지를 저장하고 내보내는 전지

전지는 전기에너지를 저장하고 있다. 전지마다 저장할 수 있는 전기에너지의 양이 다르며, 그 양을 **용량**으로 표시하고 있다. 전지의 용량 단위는 Ah(암페어시)를 사용한다. 3Ah는 1A

의 전류를 3시간 동안 사용할 수 있다는 의미다. 보통 전지에 용량이 적혀 있으며, 전지의 크기가 클수록 전지의 용량도 커진다. 용량이 큰 전지는 더 오래 사용할 수 있다.

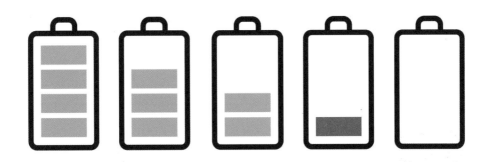

전지에 저장된 에너지는 계속 유지되지 않고 시간이 지나면서 서서히 줄어든다. 이러한 현상을 **방전**이라고 한다.

전지는 크게 건전지와 충전지로 나뉜다. **건전지**는 저장된 전기에너지를 한번 사용하고 버려야 하는 전지이고, **충전지**는 사용한 후에도 다시 충전해서 사용할 수 있는 전지이다.

콘센트를 통해 전달되는 전기는 항상 220V이지만, 건전지와 충전지는 1.5V, 3V, 5V 등 제공하는 전압과 전류의 크기가 다양하다. 그래서 각 전자제품에 적합한 전지를 사용한다.

▲ 탁상 시계의 건전지

▲ 휴대용 미니 스피커의 충전지

▶ **메이커 LIVE**

전자제품에 숨어있는 다양한 전지의 모습을 영상으로 확인해보자.

https://youtu.be/H0xisGC8aG4

⚡ 플러스(+), 마이너스(−)극의 등장

집에서 콘센트에 연결하여 사용하는 전기는 교류지만, 전지는 직류 전기를 사용한다. **직류**는 전기가 흐르는 방향이 정해져 있기 때문에 (+), (−)극으로 구분해서 사용한다. 예를 들어 TV 리모컨에 건전지의 (+), (−)극을 뒤바꾸어 넣으면 작동하지 않는다. 전지의 극이 전기가 흐르는 방향과 일치해야만 전기가 통한다. 그래서 건전지나 충전지를 연결할 때는 극의 방향을 확인하고 바르게 맞춰 연결해야 한다.

▲ (+), (−)극의 방향을 맞춰 넣은 건전지

▲ (+), (−)극에 각각 전선이 연결된 충전지

💡 더 알아보기

⊕ 플러그에는 왜 극성이 없을까?

전지의 (+), (−)극이 바뀌면 전자제품은 작동하지 않는다. 하지만 콘센트에 연결해서 사용하는 플러그에는 방향이 없다. 모양만 맞춘다면 뒤집어서 연결해도 문제 없이 전자제품이 작동한다. 왜 그럴까?

전지는 직류를 사용하지만 콘센트는 교류를 사용하기 때문에 극의 방향이 없다. 그래서 플러그를 콘센트에 뒤집어 연결해도 전자제품을 정상적으로 사용할 수 있다.

▶ 교류와 직류에 대한 자세한 정보는 53p에서 소개한다.

⚡ 한번 쓰고 버리는 건전지 (1차 전지)

전지하면 일회용 건전지가 쉽게 떠오른다. 다 쓰고 나면 다시 사용하지 못하고 버려야 한다. 이런 전지를 1차 전지라고도 한다. 1차 전지는 망간 건전지, 알칼리 전지, 산화은 전지, 수은-아연 전지 등이 있다.

건전지는 화학 반응을 전기로 사용하는 기술이다. 알카라인 건전지 안에는 함께 있을 때 (+)극과 (−)극을 만드는 물질인 이산화망간과 아연분말이 들어있다. 발생한 (+)극은 전지의 바깥쪽에, (−)극은 안쪽에 따로 모아 저장한다. 이 상태에서 전지의 양극이 연결되면 건전지 내부에서 전기가 발생하면서 특정한 전압과 전류의 전기에너지를 얻을 수 있다.

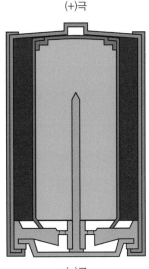

(+)극

(−)극

▲ 알카라인 건전지의 구조

건전지에는 전압과 전류가 표시되어 있다. 건전지는 주로 리모컨이나 시계 등 비교적 작은 에너지를 소모하는 제품에 사용한다.

건전지를 넣는 곳은 주로 물건의 뒤나 아래 부분이며 뚜껑으로 덮여 있고, 건전지 그림, 화살표, OPEN, PUSH 등이 새겨져 있다. 나사를 풀거나 손잡이 부분을 눌러 뚜껑을 분리한 후, 안쪽에 건전지를 넣어 사용한다.

▲ 건전지를 넣는 부분이 화살표 모양으로 표시되어 있다

건전지는 저장된 전기에너지가 방전되는 양이 적어서 오랫동안 보관할 수 있다. 하지만 저장된 전기에너지의 용량이 작기 때문에 전기를 많이 사용하는 전자제품에 사용한다면 자주 건전지를 갈아주어야 한다. 이런 단점 때문에 다시 사용할 수 있는 충전지를 사용하는 제품이 늘어나고 있다. 다 쓴 건전지(폐건전지)는 처리 과정에서 환경오염을 일으키기 때문에 따로 분리해서 버린다.

▶ 만들기에 사용되는 전지에 관한 정보는 78p에서 소개한다.

⚡ 충전해서 다시 쓰는 충전지 (2차 전지)

축전지 또는 **배터리**라고도 부르는 **충전지**는 다 쓴 뒤에도 충전해서 여러 번 사용할 수 있다. 충전지는 **2차 전지**다. 우리가 많이 쓰는 보조 배터리가 대표적인 충전지다. 충전지는 건전지처럼 갈아줄 필요가 없어서 대부분 전자제품 안에 다른 부품과 함께 내장되어 있어 제품에서 분리하기 어렵다.

우리가 생활 속에서 사용하는 대부분의 충전지는 리튬이온으로 만든다. 리튬이온 충전지는 가벼우면서도 많은 양의 전기에너지를 저장할 수 있다. 그 밖에 충전지는 리튬폴리머나 납, 니켈카드뮴, 니켈수소 등으로 만든다.

▲ 여러 개의 전지를 묶어 연결한 배터리팩의 모습

스마트폰처럼 적은 양의 전기로 사용할 수 있는 전자제품도 있지만, 전기 자동차처럼 높은 전압과 전력이 필요한 제품도 있다. 캠핑장에서 오랫동안 전등, 선풍기, TV 등을 사용하려면 많은 양의 전기에너지가 필요하다.

많은 양의 전기에너지를 저장해서 사용해야 할 때는 **배터리팩**을 이용한다. 배터리팩은 작은 전지를 여러 개 연결해서 만든다. 이러한 작은 전지는 **셀**이라고 부른다.

▲ 전기 자동차에 사용하는 배터리팩

⚡ 작은 물건 속 충전지

우리가 사용하는 소형 전자제품에는 충전지가 들어있다. 대표적으로 블루투스 이어폰에는 작은 충전지가, 스마트폰에는 리튬폴리머나 리튬이온 충전지가 들어있다. 충전지에도 전압과 용량이 적혀있는데, 용량은 제품의 사용시간과 연관이 있다. 제품의 광고에서는 충전지의 용량이 커서 몇 시간 동안 연속으로 사용할 수 있다고 홍보한다.

여러 번 사용하는 충전지도 무한히 사용할 수 있는 것은 아니다. 충전, 방전, 충전, 방전을 반복하게 되면, 충전지의 기능이 서서히 줄어들어 제품을 사용하지 않아도 빠르게 방전된다. 전자제품이 완전히 충전되지 않거나 완전히 충전해도 사용 시간이 너무 짧다면, 충전지의 수명이 다 되었다는 의미이므로 충전지를 바꿔야 한다.

⚡ 큰 물건 속 충전지

자동차에도 충전지가 필요하다. 기름이나 가스로 움직이는 자동차는 라디오, 조명 등 각종 전기 장치를 사용하거나 시동을 걸 때 납으로 만든 연축전지를 사용한다. 자동차의 충전지가 방전되면 시동을 걸 수 없다. 자동차 충전지는 한 번 방전되면 수명이 급격하게 줄기 때문에 방전되지 않게 주의한다.

요즘 사용이 늘어나고 있는 전기 자동차는 온전히 전기에너지로만 작동하며 리튬이온 배터리팩을 사용한다.

▶ 만들기에 사용하는 충전지에 관한 정보는 82p에서 소개한다.

🔧 안전제일 › 생활 속 전기를 안전하게 사용하기

매일 전기를 편리하게 사용하고 있지만, 콘센트에는 220V의 강력하고 위험한 전기가 흐르고 있다. 전기를 잘못 사용하면 우리 몸에 전기가 통하는 감전 사고가 발생할 수 있다. 전자제품이 망가지거나 화재 사고가 일어날 수도 있다. 편리한 만큼 똑똑하고 안전하게 사용하는 것이 중요하다. **언제나 안.전.제.일!**

콘센트나 멀티탭 구멍에 손가락이나 젓가락을 넣지 않는다. 어린이가 있다면 안전 캡을 씌운다.

젖은 손으로 콘센트나 플러그를 만지지 않는다.

전원을 분리할 때는 전선이 아니라 플러그의 머리를 손으로 잡아 뽑는다.

플러그를 휘두르거나 전선을 잡은 채로 제품을 움직이지 않는다.

문어발 식으로 전기를 연결하거나 전선이 꼬인 채로 사용하지 않는다.

사용을 마친 후에는 전원을 분리한다.

전선 정리하기

사용하는 전자제품이 많아지면서 전선도 많아지고 있다. 여러 개의 전선이 흩어져 있으면 보기에도 관리하기에도 좋지 않다. 또한 긴 전선에 걸려 넘어지거나 전자제품이 바닥에 떨어지는 등 안전사고가 발생할 수도 있다. 다양한 도구를 사용하여 전선을 깔끔하게 정리해 보자.

▲ 케이블 타이

▲ 벨크로 타이

▲ 케이블 홀더

케이블 타이의 매끈한 부분이 바깥쪽으로 오도록 감은 후 한쪽 끝을 홈에 넣어 고정한다. 너무 꽉 조이면 전선이 휘어져 망가질 수 있으니 주의한다. 단단하게 고정할 때 사용한다.

찍찍이라고도 불리는 **벨크로 타이**로도 전선을 정리한다. 전선을 감아 붙여서 고정한다.

케이블 홀더는 여러 개의 전선을 각각 홈에 넣어 정리한다.

전선은 너무 꽉 묶이거나 심하게 구부려진 채로 오랫동안 사용되면 망가질 수 있다. 전선의 굵기에 맞는 도구와 방법을 사용해서 정리한다.

▲ 여러 번 감고 묶어서 정리한 얇은 전선

▲ 둥글게 말아 중간을 묶어 정리한 두꺼운 전선

전선 위에 무거운 물체를 올려둬도 안 된다. 되도록 전선을 길게 펼친 상태로 사용하는 것이 좋다. 전선이 망가지면 전자제품이 제 역할을 하지 못할 뿐만 아니라, 화재나 감전 사고가 일어날 수 있다.

궁금한 전기 이론

전기 전자, 전하, 전류, 전압 등⋯ '전'자로 시작하는 말이 너무 많다.

생활에 유용한 전기를 다루려면 기본적인 이론을 알아야 한다. 각각의 단
어가 무엇을 의미하는지 하나씩 알아보자. 전기에 사용하는 단위와 가장
중요한 옴의 법칙을 배우면서 기본적인 전기 이론을 살펴보자.

1 ⚡ 전자

전기로 작동하는 물건을 **전자제품**이라고 부른다. '제품'은 알겠는데, '**전자**'는 무엇일까?

전자는 우리의 눈으로 직접 확인할 수 없지만, 전기를 만드는 주인공이므로 꼭 알아 두어야 한다. 전자를 확인하기 위해서는 물질을 작게, 더 작게 쪼개야 한다.

⚡ 물질을 작게, 더 작게 쪼개면

커다란 바위가 있다. 커다란 바위를 큰 힘을 이용해 깨트렸더니 작은 돌멩이가 됐다. 돌멩이도 깨트려 더 작은 모래 알갱이로 만들었다. 한번 더 모래를 갈아 밀가루처럼 고운 흙을 만들었다. 이 작은 알갱이를 더 작은 무엇인가로 분해할 수 있을까?

커다란 물질을 쪼개고 또 쪼개면 입자가 작아진다. 화학 반응을 통해 더 이상 쪼갤 수 없는 단위, 물질을 이루는 가장 작은 단위를 **원자**라고 한다. 원자는 영어로 아톰(Atom)이라고 부른다. 고대 그리스어에 어원을 둔 '더 이상 나눌 수 없는'이라는 뜻의 단어다. 사람들은 19세기 말까지 원자가 세상에서 작은 물질이라고 생각했다.

⚡ 원자 안에 전자

더 이상 쪼갤 수 없을 것 같았던 원자 안에서 더 작은 **전자**가 발견되었다. 조지프 존 **톰슨**이 1897년에 실행한 음극선 실험에서 진공 유리관 속의 그림자가 (+)극으로 치우치는 것을 보고, 원자 내부에 (−)극을 가진 입자의 흐름이 있다는 것을 알아냈다. 그리고 그 입자를 전자라고 부르기 시작했다.

이후 원자핵과 그 내부의 양성자/중성자를 발견하면서 오른쪽 그림과 같은 원자 모델이 만들어졌다.

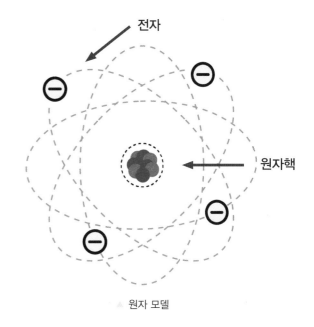

▲ 원자 모델

전기 현상을 일으키는 주체를 **전하**라고 한다. 전하의 양은 전하량 Q로 나타내며 단위는 **쿨롱**이고 숫자와 함께 C를 적는다. 전자 한 개의 전하량은 $1.6021773349 \times 10^{-19}$ 쿨롱(C)이다. 1쿨롱은 약 6.25×10^{18}개의 전자가 가지는 전하량이다.

전하는 양전하(+전하)와 음전하(−전하)가 있다. 각각의 물질은 갖고 있는 양전하와 음전하의 비율에 따라 양성, 음성, 중성 중 하나의 고유한 성질을 갖는다. 원자 안에서 발견된 **전자**는 **음전하**이다. 원자핵은 양전하와 전하를 띄지 않는 중성자로 이루어져 있다.

⚡ 자유 전자와 전류

음전하를 띤 전자가 전기 현상을 일으키는 주인공이다. 전자는 원자핵의 주변에서 궤도를 이탈해 자유롭게 돌아다니며, 이를 **자유 전자**라고 한다.

전지가 연결되면 음전하들 띄는 자유 전자가 (+)극 **방향으로 움직인다**. 이러한 전자의 움직임으로 전류가 만들어진다.

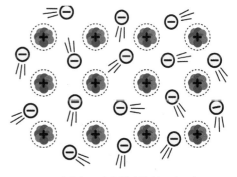

▲ 위치가 고정된 원자핵과는 다르게 자유롭게 움직이는 자유 전자

우리는 보통 전기가 '흐른다'고 표현한다. 물의 움직임을 보고 흐른다고 말하는 것처럼, 전기가 흐른다는 것은 **자유 전자**가 활발하게 움직이는 상태를 말한다. 물의 흐름처럼 전기의 흐름에도 양과 속도가 있다.

전류는 전기의 흐름이다. 전선 안에 있는 자유 전자가 움직이는 것을 전류라고 한다. 평균적인 전류를 I로 나타내며, 일정 시간 동안 일정 단면을 지나가는 전하량을 의미한다. 전류의 단위는 **암페어**이고, 숫자와 함께 **A**를 적는다.

$$1\,A = 1\,C/s$$

1 A(암페어)는 1초당 1 C(쿨롱)의 전하가 움직임을 의미한다. 1초당 통과한 전하의 양이 많으면 '전류가 크다'고 하고, 통과한 전하의 양이 적으면 '전류가 작다'라고 말한다.

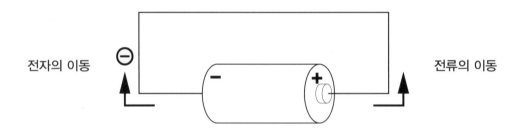

전자의 이동　　　　　　　　　　　　　　　　　전류의 이동

벤저민 프랭클린은 전하가 발견되기 이전, 양전하가 전류를 만든다고 생각했다. 그래서 전류는 (+)극에서 (−)극 방향으로 흐른다고 말했다. **톰슨**이 전자를 발견한 이후, 전류는 자유 전자가 움직이면서 발생한다는 것을 알게 되었다. 실제로는 전자가 (−)극에서 출발해서 (+)극 방향으로 움직이지만, 관행적으로 전류는 (+)극에서 (−)극으로 흐른다고 말한다.

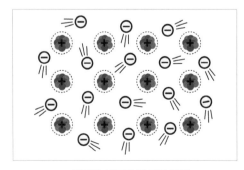

▲ 전류가 흐르기 전 자유 전자

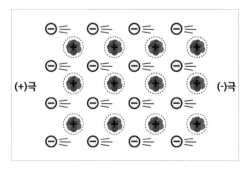

▲ 전류가 흐를 때 자유 전자

⚡ 직류 (DC, Direct Current)

직류는 전압이 항상 같은 방향으로, 일정한 크기로 흐르는 전류를 말한다. 시간에 따른 전압의 변화가 없다. 직류는 저장이 가능해서 전지를 만들 때 사용한다. 하지만 전압의 크기를 마음대로 바꾸기 어렵다.

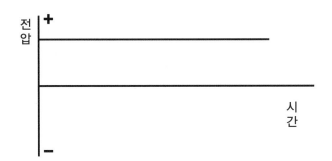

▲ 대표적인 직류 – 건전지

⚡ 교류 (AC, Alternating Current)

교류는 전압이 주기적으로 (+)극과 (−)극으로 바뀌기 때문에 극을 구분하지 않는다. 교류의 전압이 교대로 변화하는 속도를 주파수(사이클)라고 한다. 주파수는 1초에 몇 번 반복하는가를 나타내며 단위는 헤르츠[Hz]를 사용한다. 우리나라에서 사용중인 교류 전기는 60Hz이고 유럽과 일본에서는 50Hz의 교류를 사용하기도 한다.

교류는 변압기를 통해 전압의 크기를 바꿀 수 있다. 그래서 필요에 따라 더 큰 전압 또는 작은 전압의 전류를 사용할 수 있다. 또한 교류는 직류보다 전기를 장거리 송전할 때 유리하다.

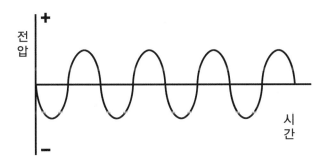

▲ 대표적인 교류 – 콘센트

3 ⚡ 전압 (V)   단위: V 볼트

물이 높은 곳에서 낮은 곳으로 흐르는 이유는 물이 가지고 있는 위치에너지의 차이 때문이다. 물은 지면에서 높은 곳에 있을수록 더 큰 위치에너지를 가진다. 그래서 높은 곳에 있는 물이 아래로 이동할 때 빠른 속도로 이동하게 된다. 마찬가지로 지면의 높이 차이가 없다면(즉, 위치에너지의 차이가 없다면) 물은 흐르지 않는다.

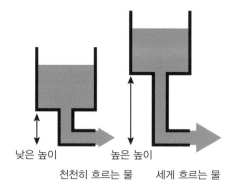

낮은 높이   높은 높이

천천히 흐르는 물   세게 흐르는 물

높이의 차이로 물을 움직이게 만드는 위치에너지처럼, **전압은 전기의 위치에너지 차이**를 의미한다. 즉, 전압이 전기를 흐르게 만드는 힘이다. 전압은 V로 표현하며, 단위도 숫자 다음에 V를 적고 **볼트**라고 읽는다.

전압이 바뀌었을 때의 전류의 변화를 물의 위치에너지 변화와 비교하며 알아보자.
흐르는 물은 이동하는 전류이고, 물탱크의 높이에 따라 서로 다른 크기의 위치에너지를 갖는다. 지면과 높이에 따른 위치에너지 차이가 바로 전압의 크기이다. 물탱크와 연결된 관을 통해 흘러나오는 물의 힘이 전류의 크기이다.

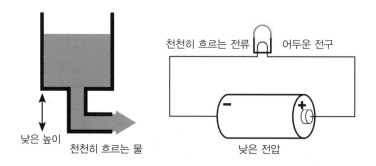

천천히 흐르는 전류   어두운 전구

낮은 높이   천천히 흐르는 물

낮은 전압

물탱크의 높이가 낮으면 물이 갖는 위치에너지도 작아서 아래로 흘러나오는 물이 천천히 흐른다. 이처럼 전압이 낮으면 전류도 같이 낮아져 전구가 밝게 빛날 수 없다.

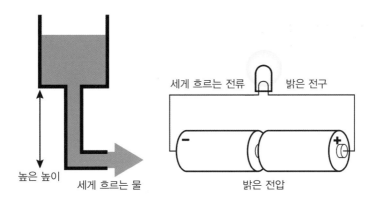

세게 흐르는 전류 밝은 전구

높은 높이 세게 흐르는 물 밝은 전압

반대로 물탱크의 높이가 높으면 물이 갖는 위치에너지도 커서 아래로 흘러나오는 물이 물탱크의 높이가 낮을 때보다 세게 흐른다. 이처럼 전압이 커지면 흐르는 전류의 세기도 커져서, 전압이 낮을 때보다 전구가 밝게 빛난다. 위의 그림에서 알 수 있듯이 전압이 세지면 전류도 세지고, 전압이 약해지면 전류도 약해진다. 전압과 전류는 비례한다.

하지만 전자부품에는 저마다 허용하는 전압과 전류의 한계가 있어 전구를 더 밝게 만들기 위해 무한정으로 전압을 늘릴 수 없다. 너무 높은 전압이나 전류는 전자부품을 망가트릴 수 있다.

더 알아보기

⊕ 높은 전압이 좋은 것일까?

우리나라는 1970년대까지 110V의 전압을 사용했지만, 발전소에서 송전할 때의 전력 손실과 안정적인 전기 공급을 위해 220V로 전압을 올렸다. 한 번 더 440V로 전압을 높인다면 더 좋지 않을까?

전압이 높은 것이 언제나 좋은 것은 아니다. 전기는 우리에게 편리함을 가져다주지만, 사용할 때는 언제나 안전을 생각해야 한다. 전압을 높이면 사용할 수 있는 전력량이 늘어나지만, 그만큼 감전의 위험도 커진다. 사람뿐만 아니라 전자제품도 높은 전압을 감당할 수 있어야 한다. 미국과 일본은 110V에서 전압을 올리는 대신, 발전소를 늘려서 전기를 공급하고 있다.

4 ⚡ 저항 (R) 단위: Ω 옴

전기를 만드는 자유 전자의 양은 물질마다 다르다. 그래서 물질에 전기가 통하는 도체와 통하지 않는 부도체로 구분한다. 금속처럼 전기가 잘 통하는 도체는 자유 전자가 많고 움직이기 쉬운 물질이다. 반면 고무, 나무처럼 전기가 잘 통하지 않는 부도체는 자유 전자가 거의 없는 물질이다. 물질의 전도성은 그 안에 자유 전자가 얼마나 있으며, 자유 전자가 얼마나 움직이기 쉬운지를 나타내는 **저항**으로 구분할 수 있다.

저항은 전기의 흐름을 방해하는 장애물이다. 저항이 크면 자유 전자의 움직임을 방해하는 장애물이 많아 전기가 잘 통하지 않는다. 저항이 작으면 자유 전자가 자유롭게 움직일 수 있어 전기가 잘 흐른다.

저항은 R로 표시하며, 단위는 숫자와 함께 Ω이라고 적고 **옴**이라고 읽는다.

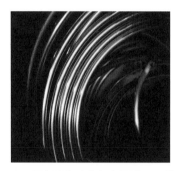 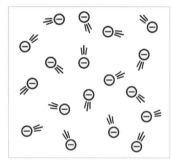

▲ 금속처럼 전기가 잘 통하는 도체는 자유 전자가 많고 활발하게 움직인다

 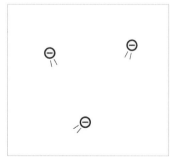

▲ 전기가 잘 통하지 않는 부도체는 자유 전자의 수도 적고 활발하게 움직이지도 않는다

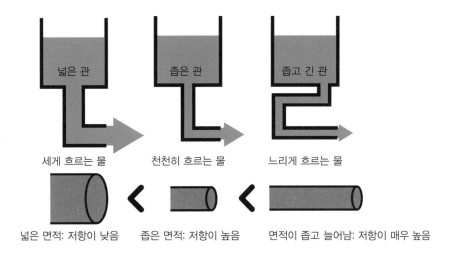

넓은 관　　　　좁은 관　　　　좁고 긴 관

세게 흐르는 물　　천천히 흐르는 물　　느리게 흐르는 물

넓은 면적: 저항이 낮음　　좁은 면적: 저항이 높음　　면적이 좁고 늘어남: 저항이 매우 높음

저항은 물질의 종류뿐만 아니라, 전자가 움직이는 물질의 면적과 길이에도 영향을 받는다. 단면적이 넓어지면 자유 전자가 움직일 수 있는 공간이 많아지기 때문에 저항은 줄어든다. 반대로 단면적이 작아지면 저항이 커진다. 물질이 길어지면 자유 전자가 반대쪽에 닿기까지 시간이 더 오래 걸리기 때문에 저항이 커진다.

저항 R값은 물질의 고유 저항값 ρ(로우, Rho), 단면적 A, 면의 길이 ℓ에 의해 계산된다.

$$R = \rho \frac{\ell}{A}$$

고유 저항값은 물질마다 정해진 값으로 보통

도체는　　　$\rho = 10^{-5} \sim 10^{-10}$

부도체는　　$\rho = 10^{16} \sim 10^{4}$

의 값을 갖는다.

대표적 도체인 금속도 종류에 따라 고유 저항값이 다르다. 저항값이 낮은 금속이라면 은을 꼽을 수 있지만, 가격이 비싸다. 따라서 전선에는 가격이 저렴하고 고유 저항값도 낮은 편인 구리를 사용한다.

또한 송전에 사용하는 전선은 공중에 몇십 미터씩 매달아야 한다. 따라서 구리보다 가벼운 알루미늄 금속을 사용하고 있다.

금속 종류	고유 저항 (20℃) $\times 10^{-2}[\Omega.mm^2/m]$
은	1.62
구리	1.69
금	2.44
알루미늄	2.62

5 ⚡ 옴의 법칙

독일의 물리학자 **옴**은 전류와 저항의 수학적 관계를 연구했고, 하나의 식으로 전기 현상을 설명하는 중요한 발견을 했다. 바로 전기 공학에서 가장 중요한 **옴의 법칙**이다.

전압은 전류를 흐르게 하는 힘이며 전압이 높을수록 전류도 높아진다. 저항은 전류를 낮추는 요소라서 저항이 높아지면 전류는 반비례로 낮아진다. 전압, 전류, 저항의 상관관계를 이용한다면, 두 개의 값을 알고 있을 때 계산을 통해 다른 하나의 값을 알아낼 수 있다.

$$V = I \times R$$
$$전압(V) = 전류(A) \times 저항(\Omega)$$

전압이 같을 때는 저항값이 클수록 전류가 작아지고, 저항값이 작을수록 전류가 커진다.

$전압(V) = 전류(I) \times$ 저항(R)

$전압(V) =$ 전류(I) $\times$ 저항(R)

저항값이 같을 때는 전압이 크면 전류도 크고, 전압이 작으면 전류도 작다.

$$저항(R) = \frac{전압(V)}{전류(I)}$$

$저항(R) = \dfrac{전압(V)}{전류(I)}$

전류가 같을 때는 전압이 크면 저항값도 크고, 전압이 작으면 저항값도 작다.

$$전류(I) = \frac{전압(V)}{저항(R)}$$

$$전류(I) = \frac{전압(V)}{저항(R)}$$

직접 해보기

⊕ 옴의 법칙으로 계산해 보기

전압, 전류, 저항값 중에 두 가지를 알고 있다면, 옴의 법칙으로 나머지 하나를 구할 수 있다.
아래의 질문을 읽고 옴의 법칙을 이용해서 답을 찾아보자.

질문1	저항이 3Ω인 회로에 2A의 전류가 흐르기 위해서 필요한 전압은 얼마인가?
질문2	사용하는 전자부품의 허용 전류는 2A이다. 가지고 있는 전원은 3V이다. 필요한 저항 값은 얼마인가?
질문3	10V의 전원을 2Ω의 저항에 연결하면 흐를 전류는 얼마인가?

정답1	전압(V)는 전류와 저항을 곱한 값이다. 전류 2A와 저항 3Ω을 곱하면 6V 전압이 필요하다.
정답2	전압(V)을 전류(A)값으로 나누면 필요한 저항값을 구할 수 있다. 필요한 저항값은 $\frac{2}{3}$Ω이다.
정답3	전압(V)을 저항값으로 나누면 전류의 크기를 구할 수 있다. 흐르는 전류는 5A이다.

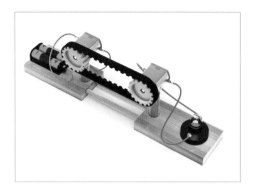

회로 또는 **전기회로**는 전기가 통하는 이어진 길을 말하며 전원, 입력장치, 출력장치 등 여러 개의 전자부품이 연결되어 있다. 전기를 사용하는 모든 전자제품은 한 개 이상의 전기회로를 가지고 있다.

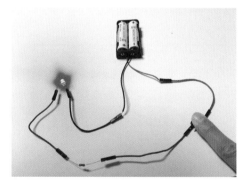

▲ 닫힌 회로

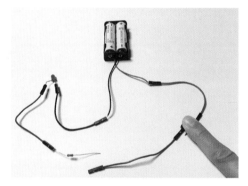

▲ 열린 회로
연결이 끊어져 있어 작동하지 않는다

전선으로 부품들을 연결했다고 무조건 회로가 되는 것은 아니다. 시작과 끝이 연결되어 있는 닫힌 회로를 만들어야 한다. 전원을 연결했을 때 **닫힌 회로**는 전기가 흐르기 때문에 LED를 밝힌다. 닫힌 회로에서 전류는 전원의 (+)극에서 출발하여 모든 전자부품을 지나 전원의 (−) 극으로 돌아온다. 반면 **열린 회로**에서는 회로가 끊겨있기 때문에 전류가 흐르지 못해 LED 를 밝힐 수 없다.

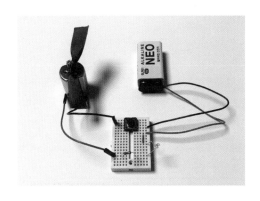 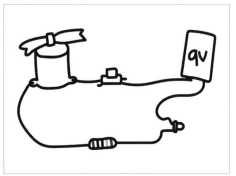

내가 만든 회로를 다른 사람에게 보여주려고 할 때, 여럿이서 함께 회로를 개발하려고 할 때 회로를 어떻게 공유하면 좋을까? 사진을 찍어서 보여주자니 전자부품들의 연결이 제대로 보이지 않고, 손으로 그리자니 사람마다 제각각이다. 전자부품의 수가 적으면 이해할 수 있지만, 많아지면 복잡해서 이해할 수 없다. 그래서 회로에 대해서 의사소통할 때는 **전기 회로도** 또는 **회로도**를 활용한다.

회로도는 약속된 간단한 기호로 전기회로를 표현한다. 약속된 기호를 사용하기 때문에 다른 사람도 잘 이해할 수 있고, 복잡한 회로를 간단하게 표현할 수 있다. 기호의 크기도 일정해서 회로의 구조를 한눈에 확인할 수 있다.

🛠 직접 해보기

⊕ 회로도 직접 그려보기

다음 장의 회로도 표현 방식을 보고 아래 사진의 회로도를 그려보자.

⊕ 회로도의 표현 방법

회로를 회로도로 표현하는 방법을 알아보자. 가장 기본이 되는 전선과 전원, 기본 전자부품을 표현하는 기호를 소개한다. 전선이나 부품이 겹치지 않게 그린다.

전선

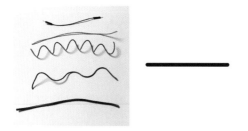

구부러지거나 휘어진 전선도 직선으로 표현한다. 종류나 굵기도 따로 구분하지 않는다.

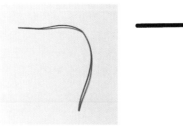

꺾인 전선은 진행 방향이 바뀌었으므로 별도로 표시한다. 꺾인 방향과 일치하게 ㄱ 모양으로 꺾어 표현한다.

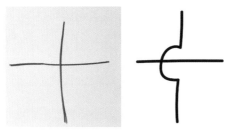

겹친 두 개의 전선은 겹치는 부분에 반원을 그려 표현한다. 하나의 전선이 터널을 만들고 그 아래로 지나가는 것처럼 표현한다.

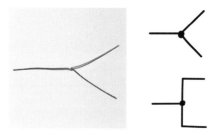

하나의 전선이 2개 이상으로 나눠지거나 2개 이상의 전선이 한 개로 합쳐지는 경우, 전선이 나뉘거나 합쳐지는 지점에 점을 찍어 표시한다.

전지

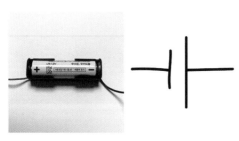

전지는 두 개의 선분을 그어 표현한다.
(+)극은 긴 선분, (−)극은 짧은 선분으로 그린다.

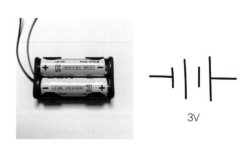

여러 개의 전지를 이어 붙인 경우, 기호를 여러 개 연달아 그려 표현한다. 또는 기호를 1개만 그리고 오른쪽 아래에 전압을 적어준다.

전자부품

극성을 구분하는 전자부품은 (+)극과 (−)극을 구분하여 서로 다른 모양으로 그린다.

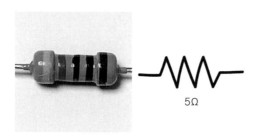

저항은 지그재그 모양으로 그린다. 기호의 아래에 저항값을 함께 적는다.

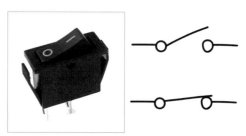

스위치의 터미널은 직선으로, 접점은 원을 그려 표현한다. 스위치가 열렸을 때는 직선을 위쪽으로 올리고, 닫혔을 때는 두 직선을 하나로 이어 그린다.

전구는 필라멘트 부분인 반원과 유리구 부분인 큰 원을 그려서 표현한다.

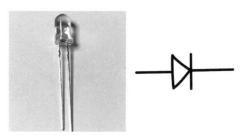

LED는 (+)극은 옆으로 누운 삼각형으로, (−)극은 꼭짓점에 접한 선분으로 표현한다. 오른쪽 대각선 위를 향하는 화살표를 그려주기도 한다.

피에조 부저는 작은 스피커 모양의 기호를 사용한다.

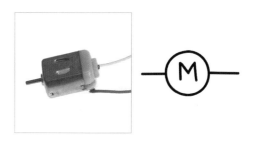

모터는 가운데에 모터를 의미하는 M을 적고 큰 원을 그려 표현한다.

▶ 전자부품들의 특징은 PART 2의 CHAPTER 3에서 소개한다.

7 ⚡ 직렬과 병렬 연결

전자제품이 동작하기 위해서는 알맞은 전압과 전류가 공급돼야 한다. 또한 여러 부품에 동시에 전류가 흘러야 할 때도 있다. 그래서 전선을 연결할 때는 목적에 따라 직렬 또는 병렬로 연결한다. 연결하는 두 방식의 차이를 알아본다.

⚡ 직렬 연결

직렬 연결은 여러 개의 부품을 서로 다른 극끼리 연결하는 방법이다. 그림에서 부품의 (+)극을 표현한 손은 다른 사람의 (−)극의 손을 잡고 있다. 이렇게 연결된 직렬은 하나의 길로만 전류가 흐른다.

중간에 한 사람이 빠지면 모든 연결이 끊어진다. 직렬 연결에서는 모든 부품이 하나의 길로 연결되어 있기 때문에 중간이 끊기면 전류가 흐를 수 있는 길이 없어져 버린다. 직렬 연결된 회로에서는 어느 한 부분만 연결이 끊어져도 전체에 전류가 흐를 수 없다.

⚡ 병렬 연결

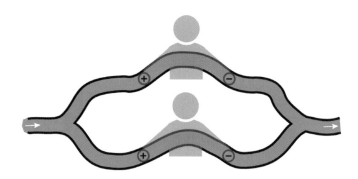

병렬 연결은 여러 개의 부품을 같은 극끼리 연결하는 방법이다. 부품의 (+)극 손이 함께 연결되어 있다. 전류는 두 방향으로 나뉘어 흐른다.

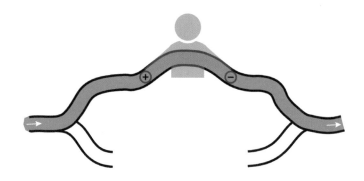

병렬 연결은 전류가 흐르는 여러 개의 길을 만드는 방식이다. 그래서 중간에 부품이 빠져 어느 한 길의 전류가 끊기더라도 다른 길로 전류가 계속 흐른다.

💡 더 알아보기

⊕ 병렬로 연결된 우리집 전자제품들

집에서 사용하는 전자제품의 전원은 병렬로 연결되어 있다. 만약 직렬로 연결되어 있다면, 하나의 전자제품의 전원이 분리되면 모두 꺼져버릴 것이다.

하나의 멀티탭에 많은 전자제품을 연결해서 사용하는 것은 저항을 계속 병렬로 연결하는 것과 같다. 그래서 여러 개를 동시에 연결하면 전체 저항값이 내려가서 흐르는 전류가 많아진다. 전류가 과도하게 흐르면 과열로 인해서 화재가 발생할 수 있다. 따라서 문어발식으로 멀티탭에 많은 전자제품을 연결해서 사용하는 것은 위험하다.

전지와 저항을 직렬 또는 병렬 연결했을 때 전압과 저항의 값은 어떻게 변하는지 알아보자.

전지의 직렬 연결

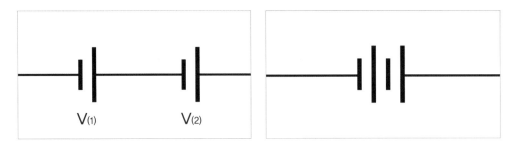

전지를 직렬 연결했을 때의 회로도 모습이다. 왼쪽 그림처럼 두 전지를 띄어서 그려도 되지만, 보통 오른쪽 그림처럼 두 전지를 붙여서 그린다. 전지를 직렬 연결하면 전압이 증가하며 전체 전압은 모든 전지의 전압을 더한 것과 같다. 1.5V 건전지 2개를 직렬로 연결하면 전체 전압은 3V가 된다.

$$V_{(전체)} = V_{(1)} + V_{(2)}$$

전지의 병렬 연결

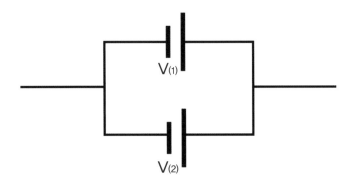

전지를 병렬 연결하면 전압은 변하지 않는다. 전체 전압은 하나의 전지와 같다. 1.5V 건전지 2개를 병렬로 연결해도 전체 전압은 1.5V 그대로이다.

$$V_{(전체)} = V_{(1)} = V_{(2)}$$

저항의 직렬 연결

$R_{(1)}$ $R_{(2)}$

저항을 직렬 연결하면 전체 저항값은 커진다. 저항의 직렬 연결은 전류가 흐르는 길이 길어진 것과 같다. 직렬로 연결된 저항값은 각 저항값을 더한 값과 같다.

$$R_{(전체)} = R_{(1)} + R_{(2)}$$

저항의 병렬 연결

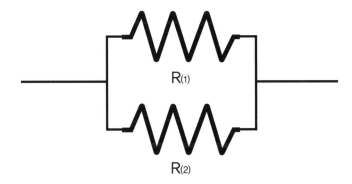

$R_{(1)}$

$R_{(2)}$

저항을 병렬로 연결하면 전체 저항값은 작아진다. 저항의 병렬 연결은 전류가 지나갈 수 있는 길이 넓어진 것과 같다. 전체 저항의 역수는 각 저항의 역수를 더한 값과 같다.

$$\frac{1}{R_{(전체)}} = \frac{1}{R_{(1)}} + \frac{1}{R_{(2)}}$$

$$R_{(전체)} = \frac{R_{(1)} \times R_{(2)}}{R_{(1)} + R_{(2)}}$$

8 직렬과 병렬 연결 계산하기

회로가 직렬 연결일 때나 병렬 연결일 때의 각 저항에 걸리는 전압과 전류를 계산해보자. 옴의 법칙 V=I×R을 사용한다. 저항을 직렬 연결했을 때의 전체 저항은 각 저항의 합과 같고, 저항을 병렬 연결했을 때 전체 저항의 역수는 각 저항의 역수를 더한 값과 같다.

직렬 연결 계산하기

1 전체 저항값 구하기

두 개의 저항이 직렬 연결되어 있다. 각 저항에 흐르는 전류와 전압을 계산해보자. 전체 저항 값은 두 저항값의 합이다.

R(전체)=2+3=5Ω

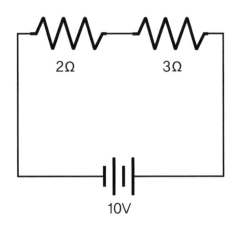

2 전체 전류 구하기

옴의 법칙에 따라서 10=I×5이다.
전체 전류는 2A이다.

3 각 저항의 전압 구하기

직렬 연결된 회로에서 전류는 하나의 길로 흐르고 있다. 각 저항에 흐르는 전류는 같다.

2Ω 저항의 전압은 V=2×2=4V이다.
3Ω 저항의 전압은 V=2×3=6V이다.

각 저항에 걸리는 전압의 합은 전체 전압과 같다.

V(전체)=10V=4+6

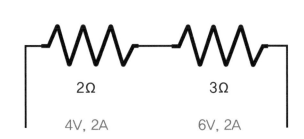

⚡ 병렬 연결 계산하기

1 전체 저항값 구하기

두 개의 저항이 병렬 연결되어 있다. 전체 저항의 역수는 각 저항의 역수를 더한 값과 같다.

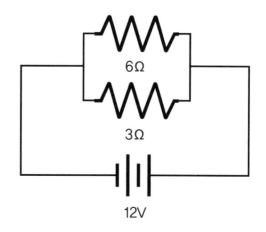

$$\frac{1}{R(전체)} = \frac{1}{6} + \frac{1}{3} = \frac{3}{6} = \frac{1}{2}$$

$$R(전체) = 2\Omega$$

2 전체 전류 구하기

옴의 법칙에 따라서 $12 = I \times 2$이다.
전체 전류는 6A이다.

3 각 저항의 전류 구하기

병렬 연결된 회로에서 전체 전류는 각각의 길로 나뉘어 흐른다. 병렬 연결에서 각 저항에 걸리는 전압은 전체 전압과 같다.

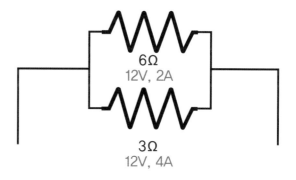

옴의 법칙에 따라서
6Ω에 걸리는 전류는

$$I = \frac{V}{R} = \frac{12}{6} = 2A이다.$$

3Ω에 걸리는 전류는

$$I = \frac{V}{R} = \frac{12}{3} = 4A이다.$$

각 저항에 걸리는 전류의 합은 전체 전류와 같다.

I(전체)=6A=2+4

⚡ 직렬과 병렬 연결의 혼합 회로 1

① 전체 저항값 구하기

세 개의 저항이 연결된 모습을 확인해 보자. 2Ω과 3Ω의 저항을 커다란 R(1) 저항으로 본다. 그러면 R(1)과 5Ω이 병렬 연결되어 있는 모습과 같다. R(1) 안에 있는 두 저항은 직렬 연결된 저항이다. R(1)의 값은 2Ω과 3Ω을 더한 값으로 5Ω이다.

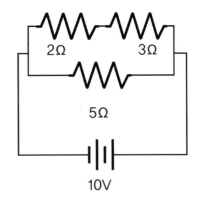

병렬 연결된 두 저항의 전체 저항의 역수는 각 저항의 역수를 더한 값과 같다.

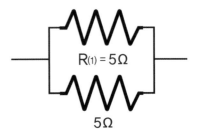

$$\frac{1}{R(전체)} = \frac{1}{5} + \frac{1}{5} = \frac{2}{5}, \quad R(전체) = \frac{5}{2} = 2.5Ω$$

② 전체 전류 구하기

옴의 법칙에 따라서 10=I×2.5이다. 전체 전류는 4A이다.

③ R(1)과 5Ω 저항의 전압과 전류 구하기

병렬 연결된 R(1)과 5Ω의 각 저항에 걸리는 전압은 전체 전압과 같다.

R(1)과 5Ω에 걸리는 전류는

$$I = \frac{V}{R} = \frac{10}{5} = 2A이다.$$

④ 2Ω과 3Ω의 전압과 전류 구하기

R(1)의 저항은 2Ω과 3Ω의 직렬 연결이다. 직렬 연결된 두 저항에는 같은 전류 2A가 흐른다.

전압은 옴의 법칙에 따라서
2Ω 저항의 전압은 V=2×2=4V이다.
3Ω 저항의 전압은 V=2×3=6V이다.

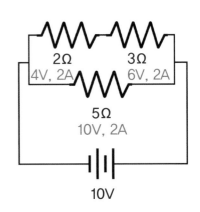

⚡ 직렬과 병렬 연결의 혼합 회로 2

1️⃣ 전체 저항값 구하기

세 개의 저항이 연결된 모습을 확인해 보자. 6Ω과 3Ω의 저항을 커다란 $R_{(1)}$ 저항으로 본다. 그러면 4Ω과 $R_{(1)}$과 직렬 연결되어 있는 모습과 같다.

$R_{(1)}$ 안에 있는 두 저항의 병렬 연결된 저항값을 계산하면

$$\frac{1}{R_{(1)}} = \frac{1}{6} + \frac{1}{3} = \frac{3}{6}, \quad R_{(1)}=2Ω \text{이다.}$$

회로 전체의 저항은 R(전체)=4+2=6Ω

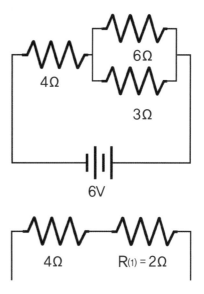

2️⃣ 전체 전류와 전압 구하기

옴의 법칙에 따라서 6=I×6이다. 전체 전류는 1A이다.

직렬 연결된 4Ω 저항과 $R_{(1)}$ 저항에는 같은 1A가 흐른다.

옴의 법칙에 따라 4Ω 저항에는 4V 전압이 걸린다. $R_{(1)}$ 저항에는 2V 전압이 걸린다.

3️⃣ 6Ω과 3Ω의 전압과 전류 구하기

$R_{(1)}$은 6Ω과 3Ω의 두 저항이 병렬 연결되어 있다.

병렬 연결된 두 저항의 전압은 2V로 같다.

6Ω 저항에서 전류 $I = \dfrac{V}{R} = \dfrac{2}{6} = \dfrac{1}{3}A$이다.

3Ω 저항에서 전류 $I = \dfrac{V}{R} = \dfrac{2}{3}A$이다.

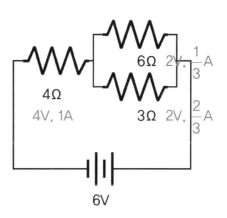

9 ⚡ 전력과 전력량

⚡ 전력 (W, 와트)

전기는 에너지로 세탁기를 돌리고 모니터 화면을 보여주는 등의 일을 해주고 있다. **전력**은 전기에너지를 사용하여 할 수 있는 일의 능력을 말한다. 전력은 1초 동안 전기회로의 각 전자부품에 전달되는 전기에너지의 양이다.

$$P = V \times I$$
$$전력(W) = 전압(V) \times 전류(A)$$

전력은 P로 나타내며 단위는 **와트**라고 하고 W로 적는다.

전력은 전압과 전류를 곱해서 구한다. 전력은 흐르는 전류와 전압의 크기에 비례한다.

전압이나 전류가 클수록 전력도 커진다.

$$전력(P) = 전류(I) \times 전압(V)$$
$$전력(P) = 전류(I) \times 전압(V)$$

전압이나 전류가 작을수록 전력도 작아진다.

$$전력(P) = 전류(I) \times 전압(V)$$
$$전력(P) = 전류(I) \times 전압(V)$$

1W(와트)는 1초 동안 1J(줄)의 일을 한다. 옆에 사진은 40W짜리 LED 전구인데, 전력이 낮은 제품이라고 무조건 전기에너지를 적게 사용하는 것은 아니다. 1초 동안만 사용하는 전자제품은 없다. 전력에 사용하는 시간을 곱한 전력량을 비교해야 정말로 전기에너지를 적게 사용하는지 확인할 수 있다.

⚡ 전력량 (Wh, 와트시)

전기에너지의 사용량은 사용하는 시간만큼 달라진다. **전력량**은 전력에 사용 시간을 곱한 값이다. 전자제품에 적힌 **소비전력**은 제품을 1시간 사용한다고 가정했을 때의 전력량이다.

$$W = P \times t$$
$$전력량(Wh) = 전력(W) \times 시간(h)$$

전력량은 W로 나타내며 단위는 **와트시**라고 하고 Wh로 적는다. 1Wh는 1W(와트) 또는 1J(줄)의 일을 3,600초(1시간) 동안 한 것이다. 사용하는 전력이 높을수록, 시간이 늘어날수록 전력량은 증가한다.

🔧 직접 해보기

➕ 전력량 계산하기

40W 전구 2개를 매일 6시간씩 사용한다고 가정해 보자. 한 달에 전기를 얼마나 사용할까?

40W 전구를 6시간 사용하면, 전구 하나가 하루에 소비하는 전력량은 40 × 6 = 240Wh이다. 여기에 한 달 동안 사용하므로 이 값에 30일을 곱하고, 2개를 동시에 사용하므로 2를 곱해준다.

240 × 30 × 2 = 14400Wh = 14.4kWh이다.

LED 전구 2개를 6시간씩 매일 한 달 동안 사용하면 총 14.4kWh의 전기를 사용한다.

오래 사용하는 제품일수록 소비전력이 낮은 제품을 사용하는 것이 전기에너지를 아끼는 방법이다. 또한 34p에서 소개했던 것처럼 전기 요금은 사용량이 늘어남에 따라 누진제가 추가로 붙는다는 것을 기억하자.

전기를
사용하는
작품을
만들려면

앞에서는 생활 속에서 편리함을 주는 전기를 살펴보고, 궁금한 전기의 기본 개념을 알아보았다. 이제는 전기를 사용한 간단한 작품을 직접 만들어보려고 한다. 전기를 사용하는 작품을 만들려면 무엇이 필요할까?

전기를 사용한 작품을 만들기 위해서는 다양한 전자부품이 필요하다. 전자부품은 온라인 사이트에서 쉽게 구할 수 있다. 사이트에 방문하여 다양한 전자부품을 구경해 보자. 카테고리를 열어보니 스위치, 전원, 전선 등 다양한 종류의 전자부품이 항목별로 분류되어 있다. 한 종류의 전자부품도 모양, 크기, 기능, 사용 목적에 따라 다양하다.

PART
02

전자부품을 구매할 수 있는 사이트를 방문해 구경해보자.

메카솔루션	www.mechasolution.com
디바이스마트	www.devicemart.co.kr
IC뱅크	www.icbanq.com
엘레파츠	www.eleparts.co.kr

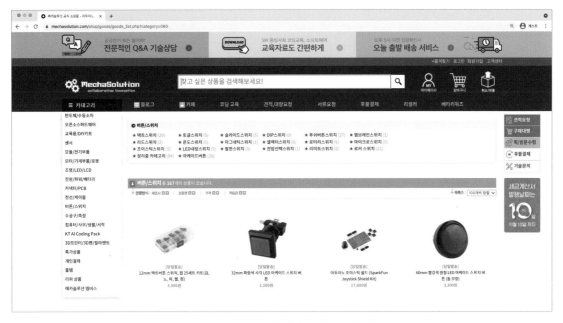

▲ 메카솔루션의 스위치 페이지 모습

내가 만들 작품에 필요한 전자부품은 무엇일까?

무조건 저렴한 부품을 사도 되는 걸까?

어떤 기준으로 전자부품을 선택하고 사용해야 할까?

만들기를 위한 전원

작품이 전기로 작동되기 위해서는 전기를 공급해야 한다. 전기에너지를 주는 전원으로 무엇을 사용할 수 있을까? 만들기를 할 때 전원으로 선택할 수 있는 전자부품은 **건전지, 충전지, 어댑터**와 **파워 서플라이**가 있다.

나에게 필요한 전원은 무엇일까?
각 전원의 특징과 사용 방법을 알아보고, 나의 작품에 알맞은 전원을 고르는 방법에 대해 생각해 보자.

1. 건전지

1차 전지로, 한 번 다 쓰고나면 버려야 하는 일회용 전지다.

2. 충전지

2차 전지로, 충전해서 여러번 사용할 수 있는 전지다.

3. 어댑터와 파워 서플라이

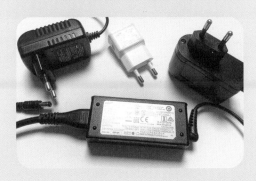

전기를 오랫동안 사용하거나 큰 전기 에너지가 필요할 때 사용하는 전원이다.

1 건전지

가장 쉽게 구할 수 있는 전원은 건전지다. 시계, 리모컨 등 일상생활에서 많이 사용하고 있다. 문방구, 편의점, 마트 등에서 구할 수 있으며 가격도 저렴하다.

건전지는 크기와 모양이 다양하다. AA, C, FC 등의 문자들은 모양과 크기를 의미한다. 소형 제품에 쏙 들어가게 만든 작은 코인셀 건전지부터 용량과 크기가 큰 건전지도 있다.

전압도 다양하다. AA 건전지의 전압은 1.5V이다. 그 외에도 3V, 9V, 12V 등으로 다양한 전압이 있다. 또는 여러 개의 건전지를 직렬로 연결해서 전압을 높여서 사용할 수도 있다.

흔히 건전지라 하면 둥근 원기둥 모양의 망간 또는 알카라인 건전지를 떠올린다. 오른쪽 사진의 건전지가 알카라인 건전지이며 (+)극과 (−)극이 서로 반대편에 있다. (+)극 부분은 볼록 튀어나와 있고, (−)극 부분은 납작하고 매끈하다. 가장 흔히 사용하는 건전지는 AAA와 AA이다. 전압은 1.5V로 같지만, AA 건전지가 부피가 더 큰 만큼 용량도 더 크다.

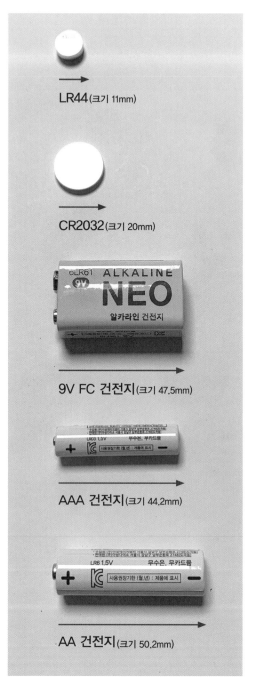

LR44(크기 11mm)

CR2032(크기 20mm)

9V FC 건전지(크기 47.5mm)

AAA 건전지(크기 44.2mm)

AA 건전지(크기 50.2mm)

⚡ AA 건전지와 건전지 홀더

원통형 건전지의 양쪽 극성 부분은 매끈하기 때문에
한곳에 고정하거나 다른 부품과 연결하기가 어렵다.
따라서 건전지를 고정하여 원활한 전원 공급을 돕는
부품인 **건전지 홀더**를 사용한다.

건전지 홀더는 사용하는 건전지 크기에 맞게 선택한
다. 홀더는 건전지의 (+)극과 (−)극의 넣는 방향이
정해져 있다. 홀더의 스프링 부분에 건전지의 (−)극
부분을 먼저 넣고, 반대편을 눌러서 (+)극도 마저 넣어준다.

대부분의 건전지 홀더는 건전지를 **직렬**로 연결한다. 직렬 홀더에서는 한 건전지의 (+)극과
다른 건전지의 (−)극이 연결되어 있다. 건전지 홀더의 **빨간색 전선**은 (+)극을 나타내고 **검은
색 전선**은 (−)극을 나타낸다.

▲ AA 건전지 1개 홀더(1.5V)

▲ AA 건전지 2개 홀더(3V)

▲ AA 건선지 3개 홀더(4.5V)

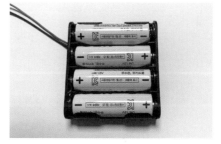

▲ AA 건선지 4개 홀더(6V)

1.5V인 AA 건전지를 홀더를 사용해서 직렬로 여러 개 연결하면 전압이 높아진다. 홀더마다
넣을 수 있는 건전지의 수가 다르다. 건전지 수가 2개, 3개, 4개면 전압이 3V, 4.5V, 6V로
증가한다. 필요에 따라 사용하는 전압을 확인하고, 그에 맞는 건전지와 건전지 홀더를 선택
하여 사용한다.

⚡ 9V 건전지와 전지 스냅

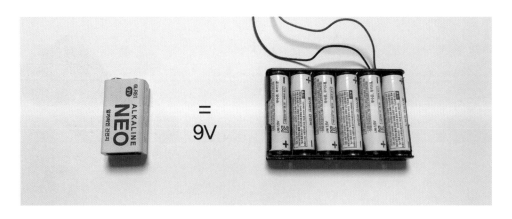

사각기둥 모양의 FC 건전지는 9V이다. 9V는 AA 건전지 6개를 직렬 연결해야 만들 수 있는 전압이다. AA 건전지를 6개나 사용하면 부피가 커지고 무거워진다. 그래서 작품에 따라 9V 인 FC 건전지 1개를 사용하는 방법도 있다.

▲ 9V 건전지 스냅

9V FC 건전지의 (+)극과 (−)극은 건전지 상단에 나란히 붙어 있다. 밖으로 튀어나온 부분이 (+)극이고, 안으로 들어간 부분이 (−)극이다.

9V 건전지는 홀더 대신 **건전지 스냅**을 연결해 사용한다. 전지 스냅의 들어간 부분에는 (+) 극을, 튀어나온 부분에는 (−)극을 맞춰 눌러주면 연결된다. 전지 스냅은 1개의 전지를 연결 하여 사용한다.

⚡ 코인 건전지와 코인셀 홀더

코인 건전지는 동전처럼 동그랗고 납작하게 생겨서 **버튼형, 단추형, 동전형** 또는 **코인셀**이라고도 부른다. 크기가 작기 때문에 손목 시계처럼 작은 물건에 사용한다.

코인 건전지의 전압은 대부분 1.5V 또는 3V이다. 둥근 건전지의 앞, 뒷면이 (+)극과 (−)극으로 나뉘고 모양도 조금 다르다. 눈으로 쉽게 구분하기 어려우므로 코인 건전지의 매끈한 면에 표시된 (+)극을 확인하고 사용한다.

100원 동전   CR2032   LR44

코인 건전지의 이름은 건전지의 원료와 사이즈를 의미한다. 위 사진의 CR2032는 리튬전지이며 직경 20mm, 높이 3.2mm이다. 우리가 많이 사용하는 LR1154(LR44)는 알칼리 건전지이며 직경 11mm, 높이 5.4mm의 건전지다.

▲ 코인셀 1개 홀더(3V)   ▲ 코인셀 2개 홀더(6V)

3V 코인 건전지에 LED의 (+)극과 (−)극을 맞게 대어보면 쉽게 불을 켤 수 있다. 하지만 표면이 매끈매끈해서 고정하기 어렵고, 손을 떼면 불이 금방 꺼진다. 코인 건전지 역시 전용홀더를 사용한다. **코인셀 홀더**는 1개나 2개의 건전지를 넣어 사용하는데 (+)극과 (−)극을 정확히 확인하고 연결한다.

2 충전지(배터리)

건전지는 쉽게 구할 수 있지만, 한번 사용하고 나면 버려야 한다. 오랫동안 그리고 자주 사용하는 작품에 건전지를 사용하면 자주 갈아줘야 해서 불편하다. 이럴 때는 건전지보다 충전지를 사용하는 것이 더 편리하다.

충전지는 충전과 방전을 반복하여 사용하는 전지다. **충전**은 다른 전원과 연결하여 충전지에 전기 에너지를 저장하는 것이고, **방전**은 충전지에 저장된 전기 에너지를 전부 사용한 상태를 말한다. 충전지도 모양과 크기가 쓰임과 용량에 따라 다양하다. 충전지를 선택할 때에는 함께 사용할 전자부품에 필요한 전압에 맞춘다. 충전지도 전지 홀더나 전지 스냅을 이용해서 다른 부품과 연결할 수 있다.

충전지도 건전지처럼 (+)극과 (−)극을 구분해서 사용한다. 충전지를 사용할 때는 충전을 위한 별도의 **충전기**가 필요하다. 충전지의 모양과 전압에 맞는 충전기를 선택한다.

비교적 안전하고 용량이 큰 리튬이온이나 리튬폴리머로 만들어진 충전지를 사용한다. 리튬폴리머보다 리튬이온 충전지가 저렴하지만, 리튬폴리머는 물질이 새는 누액이나 폭발의 위험이 적어 더 안정적이다. 충전지는 전자부품을 전문적으로 판매하는 상점이나 사이트를 통해 구매할 수 있으며 건전지보다 조금 더 비싸다.

더 알아보기

⊕ 이제는 무선 충전의 시대!

요즘에는 충전지를 충전히기 위헤 전선으로 직접 연결히는 대신, 전선이 없는 무선 충전기도 많이 사용하고 있다. 무선 충전기 위에 충전할 물건을 올려두면 충전이 된다.

스마트폰과 무선 충전기 안에는 코일이 들어 있다. 충전기 안의 코일에 전류가 흘러 자기장이 발생하고, 이 자기장이 충전지에 있는 코일에 유도 전류를 발생시켜 충전이 이루어진다.

⚡ 건전지처럼 생긴 충전지 리튬이온

원통형으로 생긴 리튬이온 충전지를 살펴보자.

충전지 앞에 붙는 숫자는 충전지의 크기를 말한다. 18650 충전지는 지름이 18mm, 길이가 65mm이다. 마지막 0은 원통형을 나타낸다. AA 건전지와 같은 모양이지만 AA 건전지보다 크다.

충전지의 겉면에는 용량과 전압이 표시되어 있다. 18650 충전지는 3.7V의 전압을 내는 리튬이온 충전지다. 구매할 때 필요한 전압과 용량을 확인하고 선택한다.

▲ 왼쪽 AA 일반 건전지
오른쪽 18650 리튬이온 충전지

리튬이온 충전지는 AAA 또는 AA 건전지와 같은 크기도 있다. 크기가 다른 리튬이온 전지를 사용할 때는 **전용 배터리 홀더**를 사용한다.

▲ 리튬이온 충전지 전용 홀더

원통형 충전지는 전용 충전기를 사용해 충전한다. 충전기에 충전지를 넣은 다음 전원을 콘센트에 연결하여 충전한다. 충전기는 들어가는 충전지의 개수, 크기가 다양하다. 원하는 구체적인 형태의 충전기를 고르거나, 다양한 크기의 충전지를 함께 충전할 수 있는 범용 충전기를 사용할 수 있다.

▲ 범용 충전기와 충전지

🔵 리튬폴리머 충전지

리튬폴리머 충전지는 부피가 작으며 다양한 모양으로 제작할 수 있다. 그래서 소형 전자제품에서 리튬폴리머 충전지를 주로 사용하고 있다.

제품 안에 있는 리튬폴리머 충전지에는 안전 회로가 설계되어 있으며, 비전문가가 분리하거나 교체할 수 없다. 임의로 다른 곳에 사용하지 않는다.

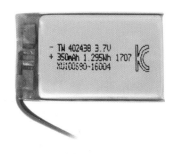

리튬폴리머 배터리(3.7V, 350mAh)

리튬폴리머 배터리(3.7V, 450mAh)

시중에 판매 중인 리튬폴리머 충전지는 대부분 납작한 사각형 모양이며 (+)극과 (−)극이 이미 전선과 연결되어 있거나 그렇지 않은 경우 커넥터를 달아 사용한다. 전압과 용량이 다양하여 필요에 따라 선택할 수 있다. 다른 충전지에 비해 부피가 작아야 하는 소형 작품이나 가벼운 비행체에서 많이 활용한다. 건전지와 같이 충전지의 용량이 커질수록 부피도 커진다.

하지만 리튬폴리머 충진지는 안진 회로 설계없이는 화재나 폭빌의 위험이 있어 초보 메이커에게 추천하지 않는다. 여러 개의 리튬폴리머 충전지를 사용할 때, 충전과 방전율의 차이가 발생해 잔량이 불균일해지면 사고가 발생할 수 있다. 사용하고 싶다면 전문가에게 물어보고 사용한다.

리튬폴리머 충전지는 어댑터처럼 생긴 충전기에 케이블로 연결하여 충전한다.

충전기를 선택할 때는 커넥터의 모양과 함께 전압을 고려해야 한다. 충전지의 정격 전압과 동일한 전압의 전기를 출력하는 것을 사용한다. 충전기를 통해 전달된 전압과 충전지의 전압이 다르면 충전이 제대로 되지 않거나 충전지가 고장날 수 있다.

▲ 5V 2.1A Micro USB 5핀 충전기 어댑터

충전지와 충전기의 전압이 서로 다를 때는 사이에 DC-DC 컨버터를 연결해 사용한다. DC-DC **컨버터**는 직류의 전압을 바꿔주는 장치다. 원래 전압보다 낮은 전압을 생성하려면 **강압(스텝다운) 컨버터**를, 원래 전압보다 높은 전압을 만들려면 **승압(스텝업) 컨버터**를 연결해 전압을 맞춘다.

우리가 자주 사용하는 USB 어댑터의 출력 전압은 5V이다. 이 어댑터로 3.7V 리튬폴리머 충전지를 충전하려면 강압 컨버터를 연결해야 한다.

▲ 미니 DC-DC 3A 강압 컨버터 모듈
입력 4.5-28V / 출력 0.8-20V

▶ **메이커 LIVE**

심프팀이 직접 만든 귀여운 미니 충전기를 구경해보자.

https://youtu.be/OPe1VM59EGg

안전제일 > 전지 안전하게 오래 사용하기

전지는 콘센트에 전원을 연결하지 않고도 자유롭게 이동하면서 전기에너지를 사용할 수 있도록 도와준다. 전지를 안전하고 오래 사용할 수 있는 꿀팁을 함께 알아보자.

건전지

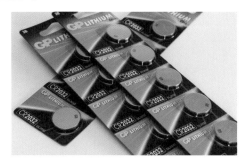

건전지는 사용하지 않아도 방전되기 때문에 필요한 만큼만 사서 사용한다.

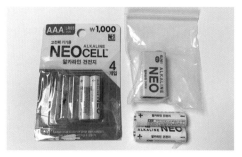

건전지를 보관할 때는 극을 같은 방향으로 두고, 사용하던 건전지는 밀봉해 보관한다.

건전지를 여러 개 쓰는 물건에는 사용한 건전지와 새 건전지를 같이 사용하지 않는다.

건전지를 충전하지 않는다. 건전지가 폭발할 수 있다.

누액이 생긴 건전지는 망가진 것이므로 사용하지 않는다.

건전지를 버릴 때는 따로 모아 건전지 수거함에 버린다.

충전지

수명이 다한 충전지는 완전히 충전되지 않고 금방 방전된다. 충전지가 빵빵하게 부풀어 오르거나, 사용할 때 너무 뜨거워진다면 수명이 다한 것이므로 새것으로 교체해야 한다.

충전지를 함부로 분해하지 않는다. 또한 충전지를 던지거나 큰 압력을 가하지 않는다. 충전지에 충격을 가하면 화재와 폭발의 위험이 있다.

3 어댑터와 파워 서플라이

탁상 스탠드처럼 위치를 바꾸지 않고 그 자리에서 오랫동
안 전기에너지를 사용하는 물건도 있다. 전기를 사용하는
작품을 만들 때도 마찬가지이다. 안정적인 전기에너지를
꾸준히 받아야 하는 작품에 건전지나 충전지를 사용한다
면 자주 바꾸거나 충전해야 하기 때문에 번거롭다.

이 경우, 콘센트를 사용하여 지속적이고 안정적으로 전기
에너지를 공급 받도록 한다.

어댑터(직류전환 장치)

안정적인 전원 공급이 필요하다면 콘센트에 연결해서 사용하는 **어댑터** 또는 **직류전환 장치**
를 사용한다. 어댑터는 콘센트를 통해 받은 교류를 직류로 바꿔준다.

어댑터에는 입력 전압과 출력 전압이 적혀있으며 부품에 맞는 어댑터를 사용한다. 흔히 사용
하는 USB 충전 어댑터는 전압은 5V, 전류는 0.5~2A인 전기를 출력한다.

▲ DC 어댑터 5V 2.5A(배럴잭, 외경 5.5mm)

▲ DC 어댑터에 연결된 아두이노

미니컴퓨터의 한 종류인 아두이노도 데이터를 주고받으며 계산을 하므로 안정적으로 전원을
공급해 주어야 한다. USB 포트로 컴퓨터와 연결해 5V의 전원을 공급하거나 별도의 어댑터
를 사용해 전원을 공급한다. 아두이노에 사용하는 어댑터는 외경이 5.5mm인 배럴잭 커넥터
를 사용한다.

⚡ 파워 서플라이

파워 서플라이 또는 **전원공급장치**도 어댑터와 비슷한 역할을 한다. 교류인 전기를 직류로 바꾸어주고, 원하는 전압과 전류로 바꾸어준다. 교류 전원을 받아서 직류 전원으로 교환하는 전원공급장치이기 때문에 SMPS(Switched-Mode Power Supply)라고도 부른다.

파워 서플라이의 출력 전압과 전류의 범위는 어댑터보다 넓다. 작은 전류로 변환할 때는 어댑터를 사용하지만, 20A 이상의 전류를 출력할 때는 파워 서플라이를 사용한다. 다양한 전압을 동시에 출력하는 전원이 필요할 때에도 파워 서플라이를 사용한다. 파워 서플라이가 특정한 전압과 전류를 출력할 수 있도록 주문 제작할 수도 있다.

▲ SMPS 비방수용 파워서플라이
24V 25A (600W)

출력 전압과 전류의 크기가 정해져 있는 파워 서플라이가 있고, 오른쪽 사진처럼 출력값을 마음대로 조절할 수 있는 **가변 전원공급장치**도 있다.

가변 전원공급장치는 회로나 장치를 시험해 볼 때 주로 사용한다.

▲ DC 파워 서플라이(가변 전원공급장치)

전지, 어댑터 등 만들기에 사용할 수 있는 다양한 전원에 대해 알아보았다. 내가 만드는 작품에는 어떤 전원을 사용하는 것이 좋을까?

아래 질문에 대해 생각해 보며 나의 작품에 필요한 전원을 고민해 보자.

전원을 선택할 때 생각할 질문

질문 1

먼저, 필요한 전원의 전압과 전류를 확인하자!

사용하는 전자부품의 정격 전압과 전류를 꼭 먼저 확인한다. 잘못 선택된 전압과 전류의 전원은 작품이 제대로 작동하지 않거나 망가질 수 있다.

질문 2

오랜 시간 켜 두어야 하거나 지속적이고 안정적으로 전기를 공급받아야 한다면?

건전지는 자주 갈아주어야 하기 때문에 번거롭다. 충전지도 좋지만, 전기를 오래 사용해야 한다면 어댑터도 고려해 보자.

질문 3

콘센트를 사용할 수 없는 야외에서 사용하거나,
움직이는 작품에 전원이 필요하다면?

전선을 연결해야 하는 어댑터는 불편하다. 휴대 가능한
건전지나 충전지를 사용하는 것이 좋다.

질문 4

충전지를 선택할 때는 용량을 확인하자!

충전지를 선택할 때는 전압과 전류뿐만 아니라 용량을
고려한다. 완전히 충전했을 때 쓸 수 있는 시간을 고려하
여 여유있게 용량을 선택한다.

질문 5

건전지 또는 충전지를 사용할 때는 전지를 넣을
위치와 부피, 무게를 함께 고민하자!

전지는 작품에서 가장 부피도 크고 무게도 많이 나가는
부품이다. 전지가 보이지 않게 작품 안으로 넣는 것이 깔
끔하다. 전지의 위치와 부피를 고려해서 작품을 만든다.
비행체와 같이 무게에 큰 영향을 받는 작품을 만들 때는
전지의 무게를 너욱 신경 써야 한다.

○○○

전기의 연결 방법

전기에너지와 전자 신호를 전달하기 위해서는 전원과 전자부품이 연결되어 있어야 한다. 전기를 연결하는 가장 대표적인 방법은 전선을 사용하는 것이다. 전선도 여러 종류가 있다. 전선의 종류와 연결하고 사용하는 방법을 알아본다.

납땜은 전선과 전자부품을 가장 튼튼하고 확실하게 연결하는 방법이다. 하지만 초보자에게는 어려울 수 있다. 손쉽게 연결해서 테스트할 수 있는 악어클립 케이블과 점퍼선, 브레드보드를 사용하는 방법을 소개한다. 그 외에도 생활 속에서 쉽게 연결해서 사용하는 커넥터와 전선 대신 사용할 수 있는 다양한 재료도 살펴보자.

1. 전선

전선은 전기를 연결할 때 사용하는 가장 기본적인 부품이다.

2. 납땜

전선 또는 전자 부품을 단단하고 확실하게 연결하는 방법이다.

3. 악어클립 케이블

전선의 끝에 악어클립이 달려있어 임시로 연결할 때 사용한다.

4. 점퍼선과 브레드보드

회로를 테스트해 볼 수 있는 점퍼선과 브레드보드의 사용방법을 알아본다.

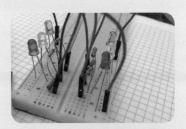

5. 커넥터가 달린 케이블

전선을 연결하고 분리하기 쉽게 만든 커넥터를 알아본다.

6. 전선 대신 이건 어때

전선 대신 사용할 수 있는 구리테이프, 전도성 펜, 전도성 실을 소개한다.

1 ⚡ 전선

전선은 전기가 흐르는 통로로, 전기에너지와 전기 신호를 전달하는 역할을 한다. 전기가 잘 통하는 도체 금속인 알루미늄, 구리, 은 등으로 만든다. 만들기에서 가장 많이 사용하는 전선의 금속은 구리다. 금속의 바깥쪽은 합선이나 감전 사고를 막기 위해서 전기가 통하지 않는 절연체인 고무, PVC, 폴리에틸렌 등으로 감싸져 있으며, 이러한 바깥쪽 부분을 **피복**이라고 부른다. 우리가 흔히 접하는 전선은 피복이 있는 **절연 전선**이다.

겉보기에 전선은 하나지만 그 안에는 여러 개의 전선이 들어가 있는 전선도 있다. 2개 이상의 전선을 전기가 통하지 않는 재료로 감싼 뒤, 그 위에 피복을 한 겹 더 두른다. 이렇게 여러 개의 전선을 하나로 감싸놓은 전선을 케이블이라고 한다. 전자제품에 보이는 전선이 바로 케이블이다.

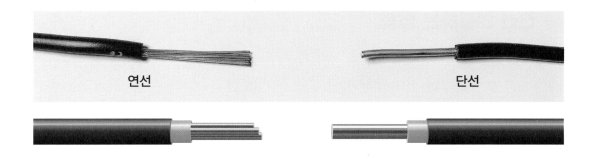

연선   단선

전선은 안에 들어있는 금속 선의 수에 따라 **연선**과 **단선**으로 나뉜다. 여러 개의 얇은 금속 선으로 이루어진 전선은 **연선**이라고 부른다. 얇은 가닥으로 이루어져 있기 때문에 잘 휘어진다. 다른 전선과 꼬아서 연결하기 쉽고, 납땜을 할 때 납을 묻히기도 쉽다. 한 가닥이 끊어져도 다른 가닥으로 전기에너지나 전기 신호를 전달할 수 있다.

피복 안에 굵은 금속 선이 한 가닥만 있는 전선은 **단선**이라고 한다. 단선은 철사처럼 전선의 모양을 고정하기 편리하다. 하지만 반복해서 구부리고 펴다보면 전선이 끊어질 수도 있으니 조심한다. 굵어질수록 구부리기 어려워서 $10mm^2$보다 굵은 전선은 연선으로만 만든다.

⚡ 전선 색깔의 의미

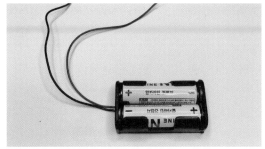

전자제품에서 흰색과 검은색의 전선을 자주 보지만 전선의 색은 다양하다. 색으로 특정 역할을 약속하여 사용한다. 일반적으로 **빨간색**은 전원의 (+)극을, **검은색**은 전원의 (−)극을 나타낸다. 초록색 전선은 전기 정보를 보내고, 흰색 전선은 전기 정보를 받는 역할로 사용하기도 한다.

전선의 색을 바꾸는 것은 피복의 색만 바꾸는 것일 뿐, 기능은 바뀌지 않는다. 그래서 다양한 색상의 점퍼선을 사용하게 될 때는 색에 규칙을 정해서 사용하면 어떤 역할의 전선인지 알아볼 수 있다.

⚡ 전선 연결하는 방법

전선은 전기가 흐르는 길이다. 전선을 통해 다른 전선 또는 전자부품에 전기를 통하게 하려면 금속 부분끼리 닿도록 연결해야 한다. 절연 전선이라면 금속 선이 보이도록 피복을 벗겨내고, 전선을 서로 꼬아주거나 납땜하여 연결한다. 금속 부분이 겉으로 드러나면 누전, 합선등의 사고가 발생할 수 있으므로 다시 절연체로 감싸 주어야 한다.

전선 피복 벗기기 → 전선 연결하기 → 전선 감싸기

█ 전선 피복 벗기기

피복을 벗길 때는 전선 안의 금속 선은 그대로 두고, 바깥의 피복만 벗겨내야 한다. 전선의 두께, 벗기는 부분 등에 따라 다양한 도구를 사용할 수 있다. 얇은 전선의 피복을 벗길 때는 손톱을 이용하는 것도 좋은 방법이다. 손톱으로 전선을 잡고 살살 계속 돌려준다. 돌리던 부분의 피복이 잘리면, 잘린 피복을 당겨 빼낸다.

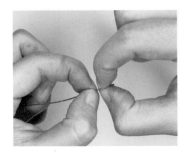 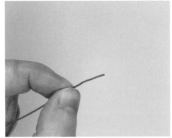 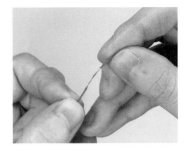

▲ 얇은 전선은 손톱을 이용해서 피복을 벗길 수 있다

니퍼를 사용할 수도 있다. 일반 니퍼 또는 날이 얇은 정밀 니퍼를 사용한다. 니퍼의 날 사이에 전선을 놓고, 니퍼로 살짝 누른 후 전선을 잡아당겨 피복을 벗긴다. 이때 니퍼에 피복만 물리는 것이 중요하다. 힘 조절을 잘못하면 전선이 통째로 잘리거나 금속 선의 일부가 같이 잘려 나갈 수 있으니 주의한다.

니퍼 & 정밀 니퍼

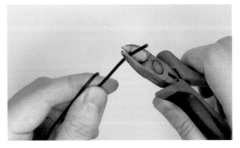 

▲ 니퍼로 피복만 살짝 잡는다   ▲ 잡아당겨 피복만 제거한다

와이어 스트리퍼는 피복을 벗기기 위한 전용 도구이다. 날 사이에는 전선의 굵기 별로 홈이 파여 있다. 피복할 전선을 굵기에 맞는 홈에 두고 날을 다물어준다. 전선을 고정한 뒤 와이어 스트리퍼를 당기면 전선의 피복만 벗겨진다.

와이어 스트리퍼는 다른 피복 전용 도구보다 저렴하지만, 특정한 두께의 전선에만 사용할 수 있다. 또한 홈을 잘못 선택하면 전선이 상하거나 피복이 벗겨지지 않는다.

와이어 스트리퍼

▲ 와이어 스트리퍼 사이에 전선을 둔다

▲ 전선을 고정하고 와이어 스트리퍼를 당긴다

이지 와이어 스트리퍼도 피복 전용 도구이다. 일반적인 와이어 스트리퍼보다 더 다양한 굵기의 전선에 사용할 수 있지만, 너무 얇거나 두꺼운 전선의 피복은 벗기기 어렵다.

피복할 만큼의 전선을 이지 와이어 스트리퍼 사이에 두고 손잡이를 누르면 손쉽게 피복이 벗겨진다. 피복을 벗길 부분이 길다면 전선의 바깥 부분부터 여러 번에 나누어 피복을 벗겨낸다.

이지 와이어 스트리퍼

▲ 이지 와이어 스트리퍼 사이에 전선을 둔다

▲ 손잡이를 눌러 피복을 벗겨낸다

피복이 잘 벗겨진 전선

피복을 벗길 때는 내부의 금속 선이 상하지 않게 정확히 피복만 벗겨내는 것이 중요하다. 금속 선이 손상되면 전기 에너지나 전기 신호를 제대로 전달하지 못한다. 사용 도중에 전선이 끊어질 수도 있기 때문에 주의해야 한다.

▲ 피복을 잘 벗긴 연선

▲ 피복을 잘못 벗겨 금속 선이 잘린 연선

피복을 잘 벗긴 연선은 그 안의 얇은 금속 선들이 그대로 남아있다. 피복을 잘못 벗긴 연선은 금속 선도 같이 잘려 몇가닥 남지 않은 모습이다. 금속 선의 일부가 끊어졌다면, 끊어진 부분의 전선을 잘라내고 다시 피복을 벗긴다.

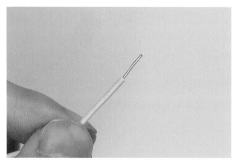

▲ 피복이 잘 된 단선

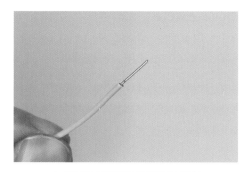

▲ 피복이 잘못되어 흠집이 난 단선

단선은 금속 선이 한 개만 있기 때문에 연선보다 피복을 벗기기 쉽다. 마찬가지로 단선에 흠집이 생기면 사용 중에 쉽게 끊어질 수 있으니 주의한다. 흠집이 났다면 전선을 잘라내고 다시 피복을 벗긴다.

전선 연결하기

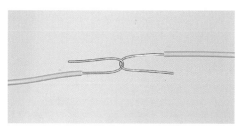 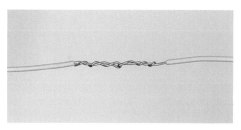

▲ 단선끼리 연결하는 모습

전선은 금속 부분끼리 맞닿아야 전기가 통한다. 단선은 피복을 벗긴 금속 부분을 갈고리처럼 접어서 서로 마주보도록 걸어 준다. 그다음 양쪽의 전선을 서로 반대 방향으로 돌려서 꼬아준다.

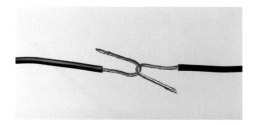 

▲ 연선끼리 연결하는 모습

연선은 먼저 각각 전선을 꼬아 정리해서 사용한다. 단선과 마찬가지로 갈고리 모양으로 연결한 다음 꼬아준다. 전선이 두꺼워 꼬기가 어려울 때에는 롱노즈 플라이어 등으로 양쪽을 잡고 돌려주면 더 단단하게 고정할 수 있다.

▲ 갈고리로 접지 않고 그냥 꼬은 전선　　　　　　　　▲ 양쪽으로 전선을 당기면 쉽게 풀린다

전선을 갈고리처럼 만들지 않고 서로 꼬아만 주어도 금속 부분이 닿기 때문에 전기는 통한다. 하지만 이 방법으로 연결된 전선은 양쪽으로 잡아당겼을 때 쉽게 풀린다. 특히 움직이는 작품을 만들고자 한다면, 전선을 단단하게 확실히 연결해야 한다. 꼬은 금속 부분에 납땜을 해서 더욱 단단하게 연결할 수도 있다.

전선 감싸기

피복이 벗겨진 전선의 금속이 노출된 상태로 그대로 두면, 누전이나 합선이 발생해 제품이 망가지거나 사고가 발생할 수 있다. 그러므로 피복을 벗긴 부분은 절연체로 꼭 다시 감싸 주어야 한다.

절연 테이프 또는 **고무 테이프**는 전선을 가장 손쉽게 감쌀 수 있는 재료이다. 절연 테이프는 저렴하고, 필요한 부분 만큼만 떼어서 붙이면 되므로 간편하다.

얇은 전선은 앞뒤로 테이프를 붙여 감쌀 수 있고, 굵은 전선은 절연 테이프를 팽팽하게 당기며 감아준다.

절연 테이프

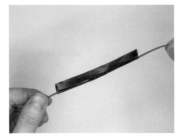
▲ 얇은 전선은 테이프를 앞뒤로 붙이면 쉽다

▲ 두꺼운 전선은 테이프를 감아준다

또 다른 전선을 감싸는 재료로 **수축 튜브**가 있다. 전선보다 조금 더 굵은 수축 튜브를 끼운 후 열을 가하면 굵기가 대략 반 정도로 줄어든다. 수축 튜브를 사용하면 피복된 전선이 깔끔하게 감싸진다. 여러 개의 전선을 한 번에 묶을 때 사용하기도 한다.

수축 튜브를 피복이 벗겨진 길이보다 길게 자른다. 전선을 연결하기 전에 미리 수축 튜브를 끼워두어야 할 경우도 있다. 피복이 벗겨진 부분으로 수축 튜브를 이동시키고 히팅 건 등으로 열을 가해 수축한다.

수축 튜브

▲ 피복을 벗긴 곳에 수축 튜브를 끼운다

▲ 히팅건으로 열을 가한다

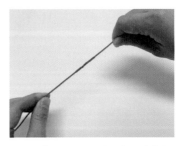
▲ 수축 튜브가 줄어들며 고정된다

전선의 길이와 굵기

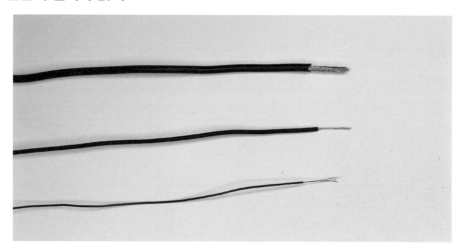

건전지 3V 정도를 사용하는 만들기에서는 고려할 필요가 없지만, 흐르는 전류가 높다면 전선의 굵기도 생각해 봐야 한다. 다른 전자부품처럼 전선에도 저항이 있다. 전선의 길이가 짧을 때는 전선의 저항이 크지 않아 신경쓰지 않고 사용해도 괜찮다. 하지만 전선의 길이가 길수록 저항이 커진다. 만약 긴 전선을 사용하거나 정확한 전압과 전류를 전달하고 싶다면 전선의 굵기와 저항도 함께 고려한다.

AWG	지름(mm)	저항(Ω/km)	허용전류(A)	쓰임새
15	1.45	10.45	19	두꺼운 연선
19	0.91	26.42	5.5	많이 쓰는 연선
24	0.51	84.22	0.588	연결에 쓰는 단선
28	0.32	212.9	0.25	
30	0.25	338.5	0.147	

전선 굵기의 규격으로는 미국의 전선규격인 AWG(American Wire Gauge)가 있다. 12AWG인 전선은 약 0.33SQ의 전선을, 10AWG인 전선은 약 0.51SQ의 전선을 의미한다. 전선 두께의 단위는 제곱 밀리리터(SQ) 또는 스퀘어라고 하며, 수직으로 잘랐을 때 안에 있는 선의 단면적의 넓이이다. 가장 많이 사용하는 0.50Q의 전선은 금속 부분의 지름이 0.5mm²임을 의미한다. 숫자가 작을수록 전선이 굵으며, 굵기를 선택할 때는 허용 전류도 확인해야 한다. 흐르는 전류가 높을수록 두꺼운 전선을 선택해야 화재 사고를 방지할 수 있다.

2 ⚡ 납땜

납땜은 금속을 녹여, 분리된 두 금속을 연결하는 작업이며 전기전자에서는 전자부품과 기판, 전자부품과 전선 등을 서로 연결하는 작업을 말한다. 고온의 인두기로 납을 녹여 떨어져 있는 금속 부분을 하나로 붙인다. 납땜이 되면 전기가 통하게 되고 전자부품의 위치가 단단하게 고정된다. 한번 납땜으로 고정하면 이전 상태로 되돌리기 쉽지 않다. 그래서 납땜을 할 때는 정확한 위치와 연결 방향을 확인하고 신중하게 한다.

⚡ 납땜의 기본 도구

인두기

전기를 사용하는 인두기는 앞 부분의 뾰족한 팁이 300~400℃까지 가열된다. 대부분 손으로 잡아서 사용할 수 있도록 스틱 형태이다. 그 밖에 전문가가 사용하는 온도 조절형 인두기, 초음파형 인두기, 휴대형 인두기 등 형태가 다양하다.

인두기 거치대

뜨겁게 가열된 인두기를 놓을 수 있는 거치대가 반드시 있어야 한다. 거치대 바닥 부분에는 물에 젖은 스폰지를 두고서 인두기 팁을 닦을 때 사용하기도 한다.

실납

인두기로 녹여서 전자부품을 연결하는 풀과 같은 존재이다. 얇은 철사처럼 생겼으며 보통 실타래처럼 말린 상태로 판매된다.

납땜에 사용하는 실납은 크게 **유연납**과 **무연납**으로 나눈다. **유연납**은 납이 40%, 주석이 60% 들어간 납으로 저렴하고 비교적 낮은 온도에서도 잘 녹아 작업하기 편하다. **무연납**은 95% 이상이 주석이며 납이 거의 들어가지 않는다. 학교에서는 인증받은 무연납을 사용한다.

실납

실납 거치대

연기 흡입기

실납 안에는 빠르게 타면서 열을 전달하는 물질이 있어서 인두기로 녹일 때 연기가 발생한다. 납 자체는 인두기의 온도에서 고체에서 기체로 변할 수 없다.

납땜을 할 때는 환기가 잘되는 공간에서 한다. 또는 연기 흡입기를 앞에 두고 사용해도 좋다.

인두 팁 클리너

납땜을 하다보면 인두 팁이 이물질로 더러워진다. 인두기 거치대에 있는 스펀지에 물에 적셔두고 팁을 닦는다. 또는 수세미처럼 생긴 인두 팁 클리너를 사용해도 좋다.

페이스트

납땜을 하기 전에 페이스트를 인두 팁에 바르면 팁에 붙은 산화물을 제거하는 데 도움이 된다. 또는 납땜할 전선이나 전자부품의 끝부분에 바르면 실납이 퍼지는 효과를 높여서 납땜이 잘 되게 도와준다.

▌ 만능 기판

전자부품을 연결해서 자유롭게 회로를 만들 수 있는 기판이다. 정해진 회로가 없고 부품을 꽂아 납땜할 수 있는 수많은 구멍이 있다. 납땜을 연습할 때도 많이 사용한다.

▲ 다양한 크기의 만능 기판

⚡ 납땜을 위한 세 번째 손

납땜할 때 한 손에는 인두기, 다른 한 손에는 실납을 잡는다. 맨바닥에서 납땜하면 고온의 열 때문에 책상이 타거나 검게 그을릴 수 있다. 그래서 납땜을 할 때는 물체를 잡아줄 수 있는 세 번째 손이 필요하다.

▌ 만능 기판 받침대

납작한 기판을 바닥에 두고 납땜을 하면 안 된다. 납작한 만능 기판을 고정할 수 있는 **만능 기판 받침대**를 사용한다.

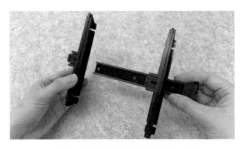

▲ 만능 기판 받침대를 조립하는 모습

▲ 만능 기판 받침대에 고정된 기판

▶ 메이커 LIVE

납땜에 사용하는 도구를 영상으로 만나보자.

https://youtu.be/l6gkeS23oGI

서드 핸드

자유롭게 움직이는 두 개의 집게 팔이 달린 도구로 양쪽에서 물건을 잡아 위치를 고정할 수 있다. 작은 납땜을 할 때 확대해서 볼 수 있는 돋보기도 달려있다.

▲ 서드 핸드로 기판 잡아서 납땜하기

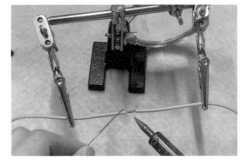

▲ 서드 핸드로 전선을 잡아서 납땜하기

바이스

나사로 움직이는 두 돌기 사이에 물체를 고정할 수 있는 도구이다. 책상에 연결해서 사용할 수 있는 작은 바이스에 기판을 고정하여 납땜할 수 있다.

▲ 테이블 미니 바이스

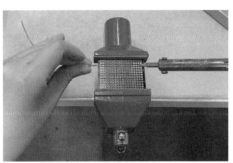

▲ 바이스에 고정된 기판

납땜은 전기전자를 사용하는 만들기에서 가장 기본이지만, 처음에는 어려울 수 있다. 주변의 경험이 있는 사람에게 도움을 청해보자. 반드시 납땜 안전 사항을 숙지하고 지킨다.

납땜을 시작하기 전에는

환기

환기가 잘되는 공간에서 납땜한다. 연기 흡입기를 함께 사용하거나 없을 때는 창문을 연다.

주변 정리

한 손에는 전기줄에 연결된 인두기를 들고, 다른 손에는 납을 들기 마련이다. 주변에 걸리적거리는 물건을 최대한 정리하고 납땜해야 한다.
특히, 인두기 전선은 꼬이지 않았는지, 움직일 때 이상은 없는지 확인하고 시작한다.

보안경 착용

작은 면적에서 납땜하다 보면 얼굴을 가까이 대고 보기 마련이다. 납땜 중 이물질이 눈에 튈 수도 있으니 눈을 보호하는 보안경을 착용한다.

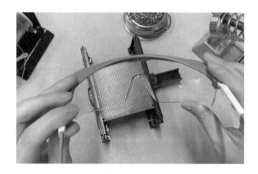

납땜 중에는

인두기 사용 시 주의사항

사용하지 않을 때의 가열된 인두기는 거치대에 둔다.
인두, 인두 거치대 모두 매우 뜨거우니 손으로 만지지
않는다.
납땜하며 인두기를 들었다 났다 반복하게 되는데, 이때
인두가 인두기 전선에 닿지 않도록 주의한다.

납땜 시 주의사항

실납을 녹이는 장난을 치지 않는다. 녹은 납이 책상이
나 다른 곳에 떨어지지 않도록 주의한다.
납땜한 부분을 바로 손으로 만지지 않는다.

납땜 후에는

뒷 정리

인두기의 전원을 분리하고 인두, 인두 거치대가 충분
히 식을 때까지 기다린다. 주변의 실납 조각이나 잘린
전자부품의 다리 등은 물티슈로 닦아 정리한다.

⚡ 납땜 하는 기본 방법

납땜을 시작하기 전에 앞에서 소개한 안전 수칙을 먼저 확인한다. 만능 기판 위에 납땜을 직접 연습해보는 것을 추천한다. 천천히 여러 번 연습해 보자.

준비하기   가열하기   실납 녹이기   실납 먼저 떼기   인두기 떼기

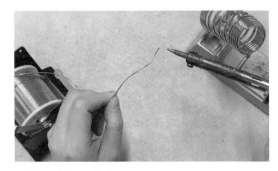

1. 인두기 가열하기

급한 마음에 제대로 가열되지 않은 인두기로 납땜해선 안 된다. 실납을 인두 팁에 살짝 갖다대어 빠르게 녹는지 확인해 보자.

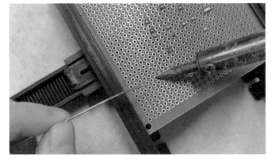

2. 인두기를 기판에 가져가기

충분히 가열된 인두기를 납땜할 위치에 먼저 갖다 놓는다.

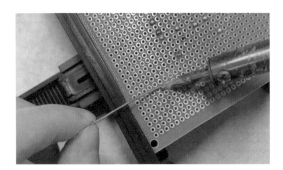

3. 실납 녹이기

납땜할 부분과 인두 팁 사이에 실납을 갖다 댄다. 실납이 녹는다.

4. 실납과 인두기 떼기

실납이 어느정도 녹으면 실납을 먼저 뗀 후 인두기를 기판에서 뗀다.

⚡ 잘못 납땜했을 때 사용하는 도구

실수 없이 납땜할 수 있다면 좋겠지만, 실수는 늘 생기기 마련이다. 납땜은 녹인 금속으로 만든 단단한 연결로 잘못된 납땜을 바로 잡기 위해서는 추가적인 도구를 사용해야 한다.

납 흡입기

주사기처럼 생긴 납 흡입기는 순간적으로 빨아들이는 힘을 이용해 납을 제거한다. 먼저 납 흡입기의 실린더를 눌러준다. 납을 제거할 부분에 가까이 놓은 다음 인두기로 실납을 녹인다. 납 흡입기의 버튼을 누르면 실린더가 빠르게 뒤로 움직이면서 녹은 납을 빨아들인다.

▲ 실린더가 눌린 납 흡입기

▲ 버튼을 눌러 녹은 납은 흡입하기

솔더위크

납을 흡착하는 심지. 제거하고 싶은 납땜 위에 솔더위크를 올려두고 인두기로 열을 가하면, 녹은 납이 솔더위크로 흡수돼 제거된다. 이때 솔더위크가 매우 뜨거워지므로 맨손이 아니라 핀셋이나 니퍼로 잡아야 한다.

▲ 솔더위크를 제거하고 싶은 납 위에 올리고 인두기로 눌러줌

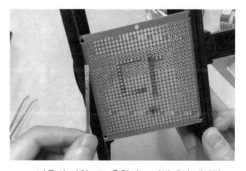

▲ 납은 솔더위크로 흡착되고 기판에서 제거됨

⚡ 납땜의 실수 유형

📍 납을 엉뚱한 위치에서 녹임

실납을 녹일 때 기판과 인두 팁 사이에서 녹여야 한다. 하지만 실납을 너무 인두 팁의 위쪽에서 녹이면 실납이 기판에 붙지 못하고 인두 팁에 붙을 수 있다.

▲ 실납이 인두 팁에 붙어 녹고 있음

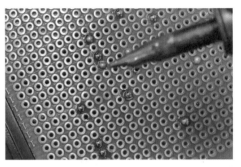

▲ 기판에는 납이 붙지 않음

📍 납을 너무 많이 녹임(과납)

인두기에 실납을 계속 대고 있으면 납이 계속 녹는다. 많은 양의 납이 녹은 것을 과납이라고 한다. 과납이 되면 원하는 위치 뿐만 아니라 다른 곳에도 납이 붙어 합선이 발생한다.

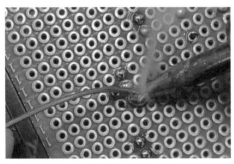

▲ 납이 녹는다고 계속 인두기에 대고 있으면 안 됨

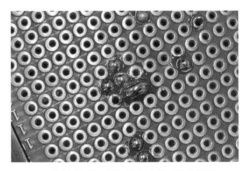

▲ 과납으로 두 개의 구멍이 하나로 연결됨

납땜이 잘됨

녹은 납 부족

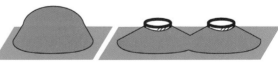

과납: 납이 너무 많이 녹음, 다른 부분과 붙음

인두기를 먼저 떼서 납이 기판에 붙음

기판에서 납을 먼저 뗀 뒤에 인두기를 떼야 한다. 인두기를 먼저 떼면 납이 빠르게 식으면서 실납이 그대로 기판에 붙을 수 있다.

▲ 납땜이 끝나고 인두기를 먼저 뗌

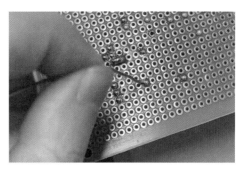

▲ 실납이 그대로 기판에 붙음

인두기를 너무 오래 대어 전자부품이 망가짐

특히 칩과 같은 열에 약한 부품은 인두기를 오래 대고 있으면, 열 때문에 망가질 수 있다.

▲ 전자부품을 기판에 연결하고 납땜하기

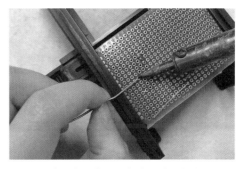

▲ 인두기를 너무 오래 대고 있으면 안 됨

▶ 메이커 LIVE

납땜하는 방법을 확인해 실수를 줄여보자.

https://youtu.be/-_zEpeSqjyQ

도구 탐구 16
- 납땜 하기 -
납땜의 실수 유형
🔵 메이커 다은쌤

3 악어클립 케이블

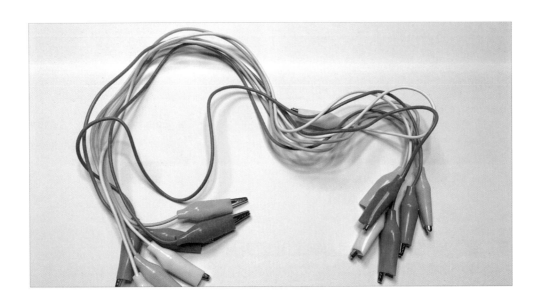

여러 가지 회로를 만들어 테스트할 때, 매번 납땜을 하기에는 시간도 오래 걸리고 전선도 계속 새로 잘라야 한다. 이때 악어클립 케이블을 사용하면 손쉽다. 악어클립은 악어의 이빨처럼 삐죽삐죽한 집게를 말한다. 전선의 양쪽 또는 한쪽 끝 부분에 악어클립 집게가 연결된 전선을 **악어클립 케이블** 또는 **악어케이블**이라고 한다.

악어클립 케이블은 연결하기가 편하고, 집게 부분이 커서 연결한 부분이 확실하게 눈에 보인다. 하지만 쉽게 분리되기 때문에 임시로 연결할 때만 사용한다. 간단한 연결과 빠른 확인은 좋지만, 부피가 커서 여러 개의 전자부품 연결이나 작은 부품을 연결할 때, 복잡한 형태의 회로를 만들 때는 사용하기 불편하다.

악어클립의 집게는 전기가 통하지 않는 고무 덮개 안에 있다. 덮개 안에 있는 집게는 도체라서 전기가 잘 통한다.

20cm, 45cm, 60cm 등 길이가 정해져 있으므로 필요에 따라 선택해 사용한다. 원하는 모양의 악어케이블이 없다면 일반 전선의 끝부분에 별도의 악어클립을 직접 연결할 수도 있다.

크기에 따라 대, 중, 소로 나뉘며 높은 전류에 사용하는 악어클립은 더 크다. 자동차 배터리를 충전할 때 사용하는 손바닥 크기의 악어클립도 있다.

▲ 대형 악어클립

⚡ 악어클립 케이블 사용 방법

악어클립의 집게를 맞물려 연결하면 전기가 통한다. 손잡이 부분을 누르면 집게가 열리고, 손을 떼면 집게가 닫힌다. 악어클립끼리 연결하거나, 전자 부품의 한쪽 다리와 연결해서 사용한다.

전원과 연결하는 악어클립 케이블은 가장 마지막에 연결한다. 전원을 미리 연결하고 작업하면 단락이 발생할 수 있어 위험하다.

▲ 서로 연결한 악어클립 케이블   ▲ LED 다리에 연결한 악어클립 케이블

4 점퍼선과 브레드보드

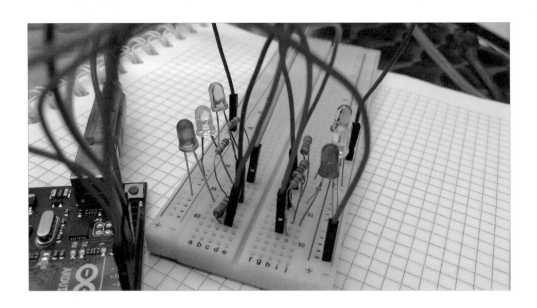

다양한 회로를 테스트해야 해서 납땜을 할 수는 없는데, 악어클립 케이블을 사용하기에는 집
게가 크고 전선이 길어 번거로울 수 있다. 이때 사용하기 좋은 부품이 **점퍼선**과 **브레드보드**
이다. 빵판이라고도 부르는 브레드보드는 빵을 자르는 판에 쇠 조각을 박아 전선을 연결했던
것에서 유래한 이름이다. 브레드보드와 함께 사용하는 전선이 점퍼선이다.

점퍼선

점퍼선 또는 점퍼케이블이라고도 한다. 점퍼선 끝 부분은 헤더소켓 또는 헤더핀으로 만들어져 있다. 검은색 플라스틱 부분은 전기가 통하지 않고, 끝의 금속 부분이 서로 닿아 연결되면 전기가 통한다. 점퍼선은 양끝의 핀헤더 부분의 모양에 따라 암(Female), 수(Male)로 구분한다.

헤더소켓(암, F, Female)

헤더소켓은 핀을 꽂을 수 있는 구멍을 가진 모양으로, 안쪽의 금속 부분이 전선과 연결되어 있다. 헤더핀뿐만 아니라 LED, 저항 등 전자부품의 다리를 꽂아 연결할 수도 있다.

헤더핀(수, M, Male)

헤더핀은 삐죽하게 핀이 튀어나와 있는 모양이다. 콘센트에 플러그를 꽂는 것처럼 헤더소켓이나 브레드보드 등에 헤더핀을 금속 부분이 안 보일 때까지 꽂아 연결한다.

▲ 암암 점퍼선 (FF)
양쪽 모두 헤더소켓

▲ 암수 점퍼선 (MF, FM)
한쪽은 헤더소켓
한쪽은 헤더핀

▲ 수수 점퍼선 (FF)
양쪽 모두 헤더핀

점퍼선은 양 끝의 모양에 따라 암암(MM), 수수(FF), 암수(MF or FM) 점퍼선으로 나뉜다. 수수 점퍼선은 주로 브레드보드와 함께 사용하며 헤더소켓 부분에 헤더핀을 끼우면 점퍼선끼리도 연결할 수도 있다. 일반 전선과 다르게 점퍼선은 5cm, 10cm, 20cm, 30cm 등 정해진 길이로 만들어진다.

⚡ 브레드보드

▲ 미니 브레드보드
100핀

▲ 브레드보드
400핀

▲ 브레드보드
830핀

브레드보드는 점퍼선과 함께 전기회로를 테스트할 때 사용한다. 브레드보드 위에는 여러 개의 구멍이 있는데, 이 구멍을 **핀**이라고 부른다. 핀의 개수에 따라서 브레드보드의 크기도 다양하다. 미니 브레드보드, 400핀 브레드보드, 830핀 브레드보드 등이 있다. 미니 브레드보드는 세로로 연결된 버스띠가 없다. 400핀 브레드보드를 가장 많이 사용한다.

▲ 브레드보드에 꽂는 점퍼선

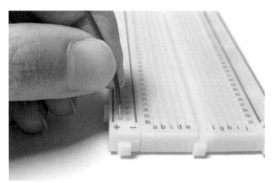

▲ 브레드보드에 꽂는 단선

브레드보드의 핀에 점퍼선을 연결하여 사용한다. 점퍼선 대신 점퍼와이어(단선 끝부분 피복을 1cm 정도 벗긴 전선)를 사용하기도 한다. 브레드보드를 사용하면 전선의 위치를 쉽게 바꿀 수 있다. 납땜할 필요 없이 점퍼선을 꽂거나 뽑아 연결하고 분리한다.

회로를 테스트한 다음에는 작품 안에 브레드보드를 넣기보다는 다른 방법으로 전자부품들을 연결한다. 브레드보드를 사용하면 점퍼선 연결이 쉽게 풀릴 수 있고 외관이 지저분해질 수 있다.

가장 많이 사용하는 400핀 브레드보드의 모서리에
는 가로줄로 번호(1, 2, 3, …)가 위에서부터 적혀있
고, 각 가로줄의 핀의 이름(a, b, c, …)이 적혀 있다.
위치를 확인할 때 사용하지만, 꼭 똑같은 핀의 위치
에 꽂아야 작동하는 것은 아니다.

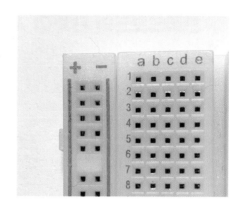

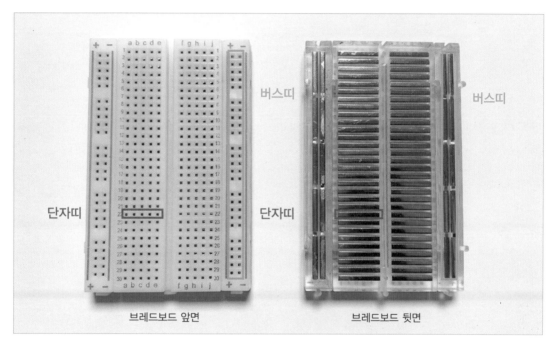

브레드보드 앞면	브레드보드 뒷면

투명한 브레드보드나 브레드보드의 뒷면을 보면 핀이 서로 어떻게 연결되어 있는지 확인할
수 있다. 브레드보드 안에 있는 금속은 같은 가로줄 또는 세로줄을 따라 이어져 있다. 하나
로 연결된 금속선의 서로 다른 핀에 꽂은 부품은 동일한 전선으로 연결한 것과 같다.

⚡ 브레드보드의 단자띠 사용법

▲ 가로줄 단자띠

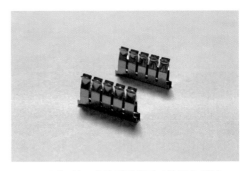

▲ 브레드보드에서 빠진 단자띠의 금속 부분

가로줄의 핀끼리 연결된 부분은 **단자띠**라고 한다. 단자띠는 주로 전자부품을 꽂는 부분으로, 보통 5개의 핀이 있다. 100핀의 작은 브레드보드는 단자띠로만 구성되어 있다.

단자띠에 전자부품을 꽂을 때, 여러 개의 다리가 있는 전자부품은 다리가 서로 다른 단자띠에 위치하도록 꽂는다. 각각의 다리가 서로 다른 전자부품 또는 전선과 연결되어야 하기 때문이다.

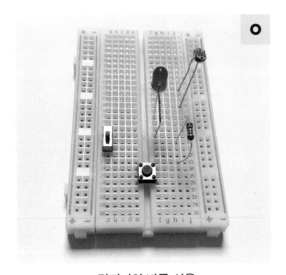

– 단자띠의 바른 사용–

전자부품의 각 다리를 다른 단자띠에 연결한다.

– 단자띠의 잘못된 사용–

전자부품의 다리를 같은 단자띠에 꽂지 않는다.

⚡ 브레드보드의 버스띠 사용법

▲ 브레드보드 양쪽의 버스띠

▲ 브레드보드에서 빠진 버스띠의 금속 부분

세로줄의 핀끼리 연결된 부분은 **버스띠**라고 한다. 버스띠에는 되도록 전자부품을 꽂지 않고 전원을 연결해 사용한다. 버스띠 부분에 표시된 대로 극을 맞춰 전원을 연결한다. 빨간색 줄은 전원의 (+)극, 파란색 또는 검은색 줄은 (−)극과 연결한다.

양쪽의 버스띠를 하나로 연결하고 싶을 때는 브레드보드의 맨 위쪽이나 맨 아래쪽에서 연결한다. 점퍼선의 색상도 빨강과 검정으로 맞춰 같은 극끼리 연결해 사용한다.

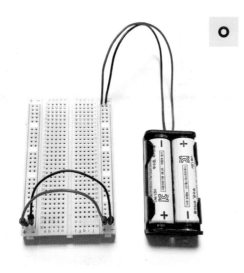

– 버스띠의 바른 사용–

버스띠에는 전원과 연결된 전선을 연결한다.

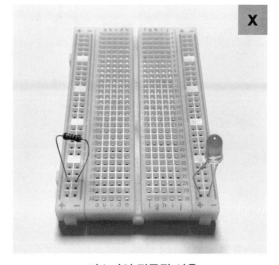

– 버스띠의 잘못된 사용–

버스띠에는 전자부품을 꽂지 않는다.

⚡ 브레드보드의 전기 흐름

2개의 LED를 켜는 회로를 브레드보드 위에 만들어보았다. AAA 건전지 3개를 사용하여 4.5V를 전원으로 사용했다. 110Ω 저항과 빨간색, 파란색 LED를 사용했다. 브레드보드에서 전기는 어떻게 흐르고 있을까?

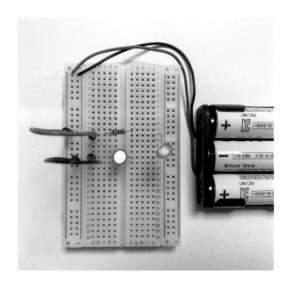

브레드보드를 사용하면 똑같은 회로를 여러 가지 방법으로 연결해 볼 수 있다. 부품을 꽂는 단자띠나 핀의 위치는 어디든 괜찮다. 연결되어야 하는 부품의 다리나 전선을 같은 단자띠 위에 꽂아주기만 하면 된다. 브레드보드에 부품이 띄엄띄엄 떨어져 있게 만들 수도 있고, 옹기종기 모여있도록 만들 수도 있다.

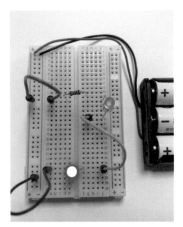 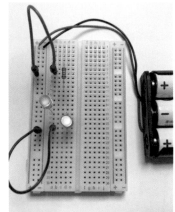 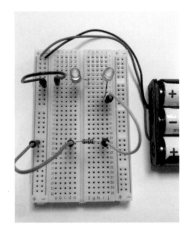

▲ 2개의 LED를 켠 같은 회로이지만, 핀의 위치를 다양하게 사용할 수 있다

▶ 메이커 LIVE

브레드보드와 전선을 영상으로 확인하자!

https://youtu.be/YeB6QDZWADQ

브레드보드에 흐르는 전류를 확인해 보자. 손가락을 이용해 (+)극에서 시작하여 전기가 흐르는 길을 따라가보자.

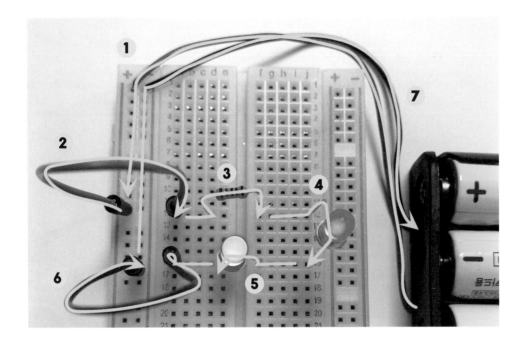

❶ 건전지의 전류가 브레드보드의 빨간색 버스띠로 들어온다.

❷ 버스띠에 연결한 빨간색 점퍼선을 타고 단자띠로 흐른다.

❸ 단자띠에 꽂은 110Ω 저항에 전달된다.

❹ 저항의 반대쪽 다리에서 같은 단자띠에 연결된 빨간색 LED로 전달된다.

❺ 빨간색 LED의 (−)극에서 같은 단자띠에 있는 파란색 LED로 전달된다.

❻ 파란색 LED의 (−)극에서 검은색 점퍼선을 타고 브레드보드의 파란색 버스띠로 흐른다.

❼ 건전지 홀더와 연결된 전선을 통해 건전지의 (−)극에 도착한다.

전류가 건전지의 (+)극에서 시작하여 건전지의 (−)극까지 이어졌을 때 전기가 흐르면서 LED에 불이 들어온다. 불이 들어오지 않는다면 전선과 전자부품을 브레드보드에 깊이 꽂았는지, 잘못된 핀에 꽂은 건 아닌지 확인한다. 같은 방법으로 브레드보드의 회로를 천천히 따라가보며 전기가 흐르는 길을 다시 확인해 보자.

5 커넥터가 달린 케이블

하나 또는 두 개의 전선을 연결하거나 변경하는 것은 어렵지 않다. 하지만 6개 또는 8개의 전선이 동시에 연결되어야 한다면, 전선을 일일이 하나씩 연결하고 움직이기 매우 번거롭다. 이럴 때는 한번에 여러 전선을 연결하는 **커넥터가 달린 케이블**을 사용한다. 예를 들어 인터넷 케이블에는 내부에 6개의 전선이 들어가 있다.

커넥터가 달린 케이블을 사용하면 여러 전선이 아닌 하나의 전선으로 쉽게 연결하고 분리할 수 있다. 커넥터는 보통 암(Female), 수(Male) 두 가지의 형태가 있다. 수 커넥터를 같은 모양의 암 커넥터에 꽂아 사용한다. 커넥터의 연결부에 턱 등의 잠금 장치가 있는 경우가 많아 연결하면 쉽게 빠지지 않는다.

USB도 우리가 매일 사용하는 대표적인 커넥터 중에 하나이다. USB 케이블은 하나의 전선처럼 보이지만, 그 안에는 여러 개의 전선이 들어있다. USB의 금속 부분도 하나로 보이지만 안쪽은 4개의 부분으로 나뉘어 있다. 4개 중에 2개의 금속은 전원이 들어가고 나오는 통로이며, 나머지 2개는 정보를 보내고 받는 통로이다. 전원 부분만 연결된 충전용 USB 케이블도 있다.

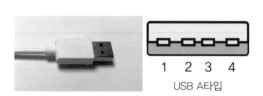

▲ 4개의 선 – 전원선(검,빨), 데이터선(흰,초)

⚡ 커넥터의 종류

▲ 배럴

▲ 듀폰 커넥터

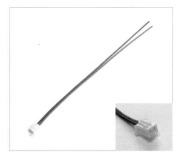

▲ JST

전자부품을 연결할 때 커넥터를 많이 사용한다. 전자 부분의 교체가 편리하고 납땜의 열로 인한 부품 손상을 줄일 수 있기 때문이다. 커넥터의 역할에 따라 묶여있는 전선의 개수가 다르며 모양도 다르다.

전원을 공급할 때 많이 사용하는 케이블로는 **배럴잭**이 있다. 둥근 형태이며 미니컴퓨터 중 하나인 아두이노 보드에 어댑터로 전원을 공급할 때 사용한다. 건전지 홀더나 스냅의 전선 끝도 배럴잭으로 마무리된 부품들이 있다.

듀폰 커넥터는 점퍼선과 비슷하게 사각형으로 생겼다. 항상 3개의 선을 사용하는 서보 모터의 끝부분이 듀폰 커넥터로 되어있다. 그 밖에 팬 같은 부품을 연결할 때는 **JST 커넥터**도 많이 사용한다.

💡 더 알아보기

➕ 생활 속 다양한 커넥터

USB B타입

Micro B타입(5핀)

Micro C타입

커넥터의 종류는 매우 다양하다. USB 모양도 A,B 타입으로 나뉘어져 있고, 요즘에는 Micro 타입의 커넥터도 많이 사용한다.

그 밖에 모니터나 TV와 연결하여 소리와 영상 정보를 주고 받을 때 사용하는 HDMI, 이어폰을 연결하는 오디오 잭 커넥터 등 생활 속에서 사용하는 커넥터의 모양은 다양하다.

집에 있는 전자제품이 어떤 모양의 커넥터를 사용하고 있는지 살펴보자.

6 ⚡ 전선 대신 이건 어때

전선 말고는 전기를 연결하는 방법이 없을까?

구리테이프, 전도성 실, 전도성 잉크를 살펴보자. 이 재료들은 전기가 잘 통하는 물질로 전도성이 좋다. 전선 대신 사용하여 다양한 작품을 만드는 데 활용할 수 있다. 각 재료의 특성을 활용하여 지저분한 전선이 보이지 않게 멋진 작품을 만들 수도 있고, 천처럼 부드럽고 자유롭게 움직이는 작품을 만들 수도 있다.

또한 연결이 손쉽기 때문에 회로를 만들 때 전선 대신 활용하기도 한다. 폭 들어가거나 연결할 부분이 너무 짧아 납땜을 하기 어려운 부분에 사용한다. 특히 종이, 플라스틱 등 전선을 사용하기 불편한 재료들과 함께 사용하면 좋다.

▶ 메이커 LIVE

구리테이프, 전도성 실, 전도성 잉크는 어떻게 생겼을까? 어떻게 사용해서 작품을 만들지? 영상으로 재료를 함께 탐구해보자!

https://youtu.be/n_IofHWVI_U

⚡ 구리테이프

구리테이프는 전선에도 쓰이는 구리로 만들어진 테이프다. 한쪽 면은 일반 테이프처럼 끈적끈적하고 반대쪽 면은 매끈매끈하다. 접착제를 바른 면은 전류가 잘 전달되지 않으므로 전자부품에는 매끈매끈한 면이 닿도록 연결한다. 구리테이프를 잘라서 붙이면 손쉽게 전기가 통하는 길을 만들 수 있다.

▲ 전도성 구리 테이프

구리테이프는 두께와 너비가 다양하여 편평하고 넓은 면적에 사용하기 좋다. 종이에 구리테이프를 붙인 다음 접을 수도 있고, 바닥에서 벽으로 이어지는 회로를 만들 수도 있다. 직선 모양으로 붙이기는 쉬우나, 뻣뻣해서 곡선 모양을 만들긴 어렵다. 길이가 길수록 전류의 전달이 어려워지기 때문에 너무 긴 구간을 한 번에 연결하지 않는다.

구리테이프의 잘린 면은 날카로워 손을 베일 수 있으니 사용할 때 조심하자.

▶ 메이커 LIVE

구리테이프로 만든 멋진 작품을 구경해보자!
블링핸즈, '어몽어스 카드 긁기 미션 만들기 7 ::
Making AMONG US Swipe Card Task with
Paper'

 https://youtu.be/ec83ha62Hlw

⚡ 전도성 실

▲ 전도성 실

▲ 전도성 실과 함께 사용하는 전자부품

전도성 실은 금, 은, 스테인레스, 구리 등의 성분이 들어 있어 전기가 통하는 실이다. 우리가 보통 쓰는 실보다는 단단하고 뻣뻣하지만 전선보다 얇아서 부드럽게 휘어진다. 실을 바늘에 끼워 천이나 옷감에 바느질하여 회로를 만들 수 있다.

전도성 실로 바느질하여 고정시키기 편리하도록 연결 부분에 구멍을 낸 전자부품들이 있다. 전도성 실로 만든 전도성 천도 있다.

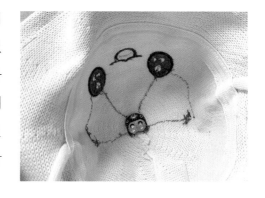

실의 모든 부분에 전기가 통하므로 회로가 닿지 않게 주의해서 만들어야 한다. 연결할 필요가 없는 부품이 닿거나 (+)극을 연결한 실과 (−)극을 연결한 실이 직접 닿으면 합선될 수 있다. 뻣뻣해서 잘 엉킬 수 있으니 조금씩 풀면서 사용한다. 실을 너무 길게 사용해서 회로를 만들면 전류가 잘 통하지 않을 수 있다.

▶ 메이커 LIVE

전도성 실의 특성을 이용해서 멋진 세계를 만들 수도 있다. 작품을 같이 감상해보자!
(株)関電工, 「想いをつなぐ」篇WEBムービー'

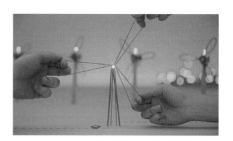

https://youtu.be/DEUMG4z7JgY

🔋 전도성 잉크

▲ 전도성 잉크

▲ 전도성 잉크 펜

전도성 잉크는 전기가 통하는 물질을 넣은 잉크이다. 전도성 잉크를 넣은 펜이나 같은 성분으로 만든 페인트로 선과 그림을 그려 회로를 만들 수 있다. 잉크가 다 마르고 전자 부품을 연결하면 종이, 목재 등 다양한 곳에 회로를 만들 수 있다.

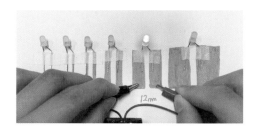

▲ 6~12mm일 때가 가장 밝다

전도성 잉크는 일정한 굵기 이상으로 칠해주어야 전류가 잘 통한다. 그러나 너무 굵게 칠해도 오히려 전류가 잘 전달되지 않는다. 너무 얇거나 굵지 않게 칠해준다.

전도성 잉크 펜을 사용하면 손쉽게 곡선을 그려서 자유로운 모양의 회로를 만들 수 있다. 큰 부피를 차지하지 않아 작은 공간에서도 사용할 수 있다. 그래서 딱딱한 직각 형태의 선보다는 캐릭터, 사람 얼굴 등 다양한 형태를 회로로 사용 가능하다

▶ 메이커 LIVE

전도성잉크로 만든 멋진 작품을 구경해보자!
Jimmy Beh 小马, 'Kandenko Circuit Pen'

https://youtu.be/fMQRJYxPPCs

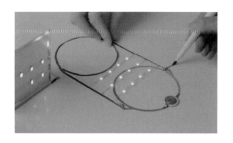

전기를 연결하는 다양한 방법을 살펴보았다. 전선도 형태와 모양이 다양하다.

전기를 연결하는 방법에 따라 장단점이 서로 다른데, 내가 만드는 작품에서는 어떤 연결 방법을 선택하면 좋을까?

전기의 연결 방법을 선택할 때 생각할 질문

질문 1

사용하는 전원의 전압과 전류를 확인하자!

사용하는 전원의 전압과 전류를 확인하고, 그에 맞는 전선을 사용한다. 건전지처럼 작은 전원을 사용하면, 전선은 크게 신경쓰지 않아도 된다. 하지만 파워 서플라이를 이용해 큰 전류를 사용한다면 전선의 허용 전류를 확인하고 사용한다.

질문 2

필요한 전선의 길이를 확인하자!

전선을 길게 연결하는 것은 부피도 많이 차지하고 미관상으로도 좋지 않지만, 전자부품이 제대로 작동하지 않을 수도 있다. 특히 3V 코인셀 건전지와 같이 전압이 낮은 전원을 사용할 때는 전선이 너무 길면 저항도 커져서 전류가 잘 통하지 않는다.

질문 3

아직 회로를 테스트하는 중이라면?

아직 회로를 결정하기 전이라면, 임시로 연결하는 악어클립 케이블 또는 브레드보드와 점퍼선을 사용한다.

질문 4

회로가 완성되었다면?

브레드보드와 점퍼선을 작품에 그대로 사용하는 것은 미관상 좋지 않다. 작품 안에 전선을 보이지 않게 배치하고 전선이 분리되지 않게 고정한다.

질문 5

움직이는 작품이라면?

움직임에 따른 전선의 길이가 충분한지 확인한다. 작동 중에 전선의 연결이 분리되지 않도록 납땜이나 커넥터를 사용한다.

질문 6

전선이 보이지 않는 특별한 작품을 만들고 싶다면?

전기 회로를 꼭 전선을 사용해서 만들어야 하는것은 아니다. 구리테이프, 전도성 실, 전도성 잉크 등 전기가 통하는 다양한 재료를 찾아 작품에 응용한다.

○○○

전자부품

전원과 함께 연결해서 사용하는 다양한 전자부품을 살펴보자.

전자부품은 특정한 역할을 맡고 있으며 종류가 굉장히 다양하다. 같은 전자부품이더라도 크기와 형태 뿐만 아니라 기능에도 차이가 있다. 기본적인 만들기에서 가장 많이 사용하는 전자부품을 중심으로 살펴본다.

전자부품은 크게 **입력장치**와 **출력장치**로 나눌 수 있다.
입력장치는 외부 환경의 변화를 전기 신호로 입력받는 역할을 하며 대표적으로 센서가 있다. 출력장치는 다른 부품으로부터 전기 신호를 받아 외부로 표현하는 전자부품으로 LED, 모터, 피에조 부저 등이 있다. 그 밖에 전기의 연결을 제어하는 스위치와 전류를 조절하는 저항 등 만들기에서 사용하는 기본적인 전자부품의 종류와 사용법에 대해 알아보자.

1. 스위치

스위치는 전류를 연결하고 끊을 때, 방향을 바꿔줄 때 사용한다.

2. 저항

저항은 전자부품에 흐르는 전류의 크기를 조절한다.

3. LED

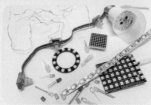

LED는 전기 에너지를 빛 에너지로 바꿔 빛을 낸다.

4. 모터

모터는 전기에너지를 회전하는 운동에너지로 바꾼다.

5. 피에조 부저

피에조 부저는 전기에너지를 소리에너지로 바꾼다.

6. 센서

센서는 습도, 밝기, 진동 등 외부 환경의 물리적 변화를 감지한다.

7. 미니 컴퓨터

사용자가 입력한 코드에 따라 데이터를 처리하고 입력 및 출력장치를 통해 작동시킨다.

1 ⚡ 스위치

스위치는 주로 전자제품의 전원을 켜고 끌 때 사용한다. 또한, 전류의 방향을 바꿔주는 역할
도 할 수 있어서 여러 기능 중 하나를 선택할 때 사용하기도 한다.

⚡ 스위치의 종류

로커 스위치

전원을 제어할 때 사용한다. (O) 부분을 누르면
전원이 연결되어 켜진 상태이고, (I) 부분을 누르
면 전원이 끊어져 꺼진 상태이다.

토글 스위치

토글 스위치는 방망이 모양의 작은 손잡이가 달
려 있다. 손잡이를 움직여서 전류가 연결되는 방
향을 바꾼다.

▲ 로커 스위치 2핀

▲ 토글 스위치 / 3단 6핀

슬라이드 스위치

손잡이를 밀어서 전류의 흐름을 바꿀 수 있다. 저렴하고 용도가 다양하며 주로 낮은 전류에서 주로 사용한다.

▲ 브레드보드용 3핀 슬라이드 스위치

푸시 버튼 스위치

택트 스위치, 누름버튼이라고도 부른다. 눌렀을 때에만 연결되어 전류가 흐른다. 누름이 떨어지면 버튼이 올라오면서 전류가 더 이상 흐르지 않는다. 생활 속 전자제품에서 다양한 크기로 많이 활용된다.

▲ 4핀 푸시 버튼 스위치

리미트 스위치

스냅동작 스위치, 제한 스위치, 마이크로 스위치라고도 부른다. 스위치가 눌렸을 때만 전류가 흐르고, 누름이 떨어지면 전류도 끊어진다. 움직이는 물체의 끝점을 알려주는 역할로 많이 사용된다.

▲ 마이크로 리미트 스위치

로터리 스위치

손잡이를 돌리는 정도에 따라서 전류가 다른 방향으로 흐르게 만든다. 그래서 대부분의 로터리 스위치는 연결할 수 있는 다리가 많다. 제품의 여러 기능 중 하나를 선택할 때 사용한다.

▲ 아날로그 로터리 스위치 모듈

▶ 메이커 LIVE

다양한 스위치를 영상으로 만나보자!

https://youtu.be/OlFSPWx1i60

⚡ 스위치 연결 방법

스위치의 부분 이름

작동기, 터미널, 접점 이렇게 세 부분으로 이루어져 있다. **작동기**는 사람이 직접 또는 기계로 움직이는 부분이며 손잡이, 토글 등으로 구성된다. **접점**은 작동기나 터미널에 붙어 있는 스위치 안에서 연결되는 부분을 말한다. 접점의 위치에 따라 스위치의 기능이 결정된다. 핀이라고도 부르는 **터미널**은 스위치 아래로 삐져나온 다리 부분이다. 터미널은 다른 전선 또는 전자부품과 연결한다.

터미널이 2개인 스위치

대표적으로 다리가 2개인 것은 로커 스위치이다. 스위치의 터미널은 (+)극과 (−)극의 구분이 없다. 스위치의 터미널에 각각 하나씩 연결하고 스위치를 작동시키면 접점이 연결되거나 끊어진다. 터미널이 2개인 스위치는 껐을 때 전류가 완전히 끊어진다.

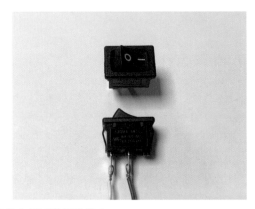

▲ 로커 스위치가 켜진 상태, 접점이 붙어 있다

▲ 로커 스위치가 꺼진 상태, 접점이 붙어있지 않다

터미널이 3개인 스위치

터미널이 3개인 스위치는 전류의 방향을 바꿀 때 사용한다. 스위치의 가운데 터미널은 항상 연결되어 있고, 작동기의 위치에 따라 연결되는 회로가 달라진다. 슬라이드 스위치, 토글 스위치, 터미널이 3개 이상인 로커 스위치 등이 있다.

하나의 전선에서 길이 둘로 나뉘는 부분에 터미널이 3개인 스위치를 연결한다. 먼저 스위치의 가운데 터미널은 나뉘기 전의 전선을 연결하고, 왼쪽과 오른쪽 끝의 터미널은 각각 갈라지는 두 개의 전선과 연결한다.

터미널이 3개인 스위치를 터미널이 2개인 스위치처럼 사용할 때는 먼저 가운데 터미널을 연결하고, 양쪽 끝의 터미널 중 한 개를 선택해 연결한다.

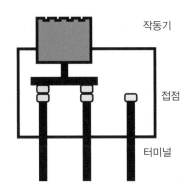 

▲ 빨간색 전선과 흰색 전선이 하나로 연결된다

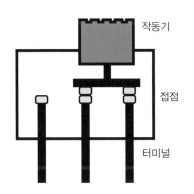 

▲ 빨간색 전선과 검은색 전선이 하나로 연결된다

터미널이 4개인 푸시 버튼 스위치

터미널이 4개인 푸시 버튼 스위치도 전류의 방향을 바꿀 때 사용한다. 푸시 버튼 스위치는 2개의 터미널이 1개의 접점으로 이어져 있다. 터미널이 위와 아래를 향하도록 펼쳤을 때 세로줄은 같은 터미널로 연결되어 있다.

스위치를 눌렀을 때 연결할 두 개의 회로를 서로 다른 세로줄에 연결한다. 각 터미널은 (+)와 (−)극을 따로 구분하여 연결하지 않는다.

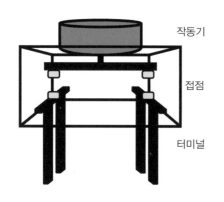

▲ 푸시 버튼 스위치를 누르지 않았을 때는
같은 세로줄에 있는 터미널끼리만 전류가 흐른다

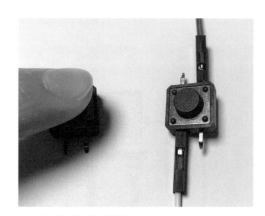

▲ 스위치를 누르면 연결된 모든 터미널이 하나로 연결된다

오른쪽 사진에는 흰색 전선과 빨간색 전선이 같은 세로줄에 연결되어 있다. 스위치를 누르지 않아도 두 전선은 이미 하나로 연결되어 있어서 스위치의 역할을 할 수 없다.

⊕ 스위치의 다양한 쓰임새

전원을 켜고 끌 때

형광등은 스위치로 불을 켜고 끈다. 켜진 상태는 전
자제품과 전원이 연결된 상태이고, 꺼진 상태는 전
자제품과 전원의 연결이 끊어진 상태이다.

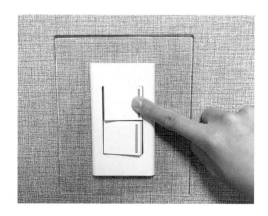

전류의 방향을 바꿀 때(기능 변환)

디지털 카메라는 여러 가지 기능을 선택할 때 다이
얼 모양의 로터리 스위치를 사용한다. 또한 드라이
기에서는 스위치로 뜨거운 바람과 차가운 바람을
선택할 수 있다.

물체의 위치를 확인할 때

3D프린터에서 X,Y,Z축의 끝점을 확인할 때 리미트
스위치를 확인한다. 축이 이동할 때 리미트 스위치
를 누르면 더 이상 움직이지 않고 멈춘다.

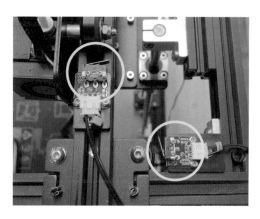

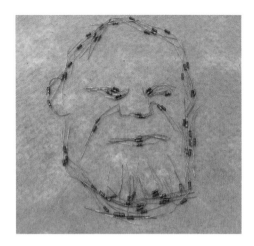 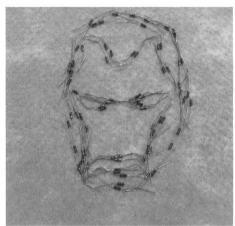

저항은 전기의 흐름을 방해하는 장애물로 저항이 클수록 흐르는 전류가 작아지는 것이 사실이다. 그렇다면 저항은 작아야만 좋은 것일까? 그렇지 않다. 오히려 저항은 각 전자부품에 필요한 만큼의 전류를 보낼 수 있도록 조절하는 중요한 역할을 맡는다.

저항이 없는 상태에서 전자부품이 허용하는 전류나 전압보다 센 전기를 흐르게 하면 어떻게 될까? 9V 건전지에 LED를 바로 연결하면 LED에서 '티디딕' 소리가 나면서 타버린다.

너무 높은 전압이나 전류가 흐르면 전자부품은 망가져 버린다. 9V 건전지와 LED를 함께 사용하려면 저항이 꼭 필요하다. 저항은 회로에서 꼭 필요한 부품이다.

 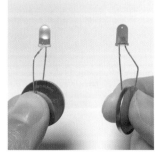

▲ 정상적으로 작동하는 왼쪽 LED와 내부가 검게 타버린 오른쪽 LED

⚡ 저항의 종류

저항은 저항값이 고정되어 있는 막대 저항과 저항값을 바꿀 수 있는 가변 저항으로 나뉜다.

막대 저항

가장 많이 사용하는 저항이며 특정한 값으로 고정되어 있다. 몸통에 있는 띠의 색으로 저항값을 표현한다. 회로에서 필요한 저항값을 계산한 다음, 동일한 저항값을 가진 막대 저항을 사용하면 된다.

가변 저항

포텐셔미터라고도 부르며 정해진 범위 내에서 저항값을 바꿀 수 있는 저항이다. 저항값을 바꿔 빛의 밝기나 소리의 크기에 변화를 주어야 할 때 사용한다. 손잡이가 밖으로 나와 있어서 직접 저항값을 조절할 수 있는 회전형/슬라이드형과 스크루 드라이버 등의 도구를 이용하여 저항값을 조절하는 트리머 형태가 있다. 가변 저항마다 정해진 저항값의 범위가 다르므로 필요한 가변 저항값의 범위를 확인하고 선택한다.

가변 저항 트림팟
(50KΩ)

슬라이드 가변 저항
(10KΩ)

가변 저항 포텐셔미터
(10KΩ)

▶ 메이커 LIVE

다양한 저항을 영상으로 만나보자.

https://youtu.be/mEEDvBJI4nk

⚡ 막대 저항의 저항값 계산법

막대 저항 몸통에 표시된 띠의 색깔로 고정된 저항값을 확인하는 방법을 알아보자.

띠의 각 색깔은 특정 숫자, 단위, 오차를 표현하며 같은 색이라도 위치마다 의미가 다르다. **숫자** 위치의 색은 0부터 9까지의 수 중 한 개의 숫자를 의미하며 **단위** 위치의 색은 1배, 10배, 100배, … 등을 의미한다. **오차**는 금색이면 5%, 은색이면 10%의 오차가 발생할 수 있음을 표시한다. 막대 저항의 몸체의 색깔로도 오차를 알 수 있다. 몸체가 베이지색이면 허용오차가 5%이고, 파란색이면 1% 또는 2% 임을 의미한다.

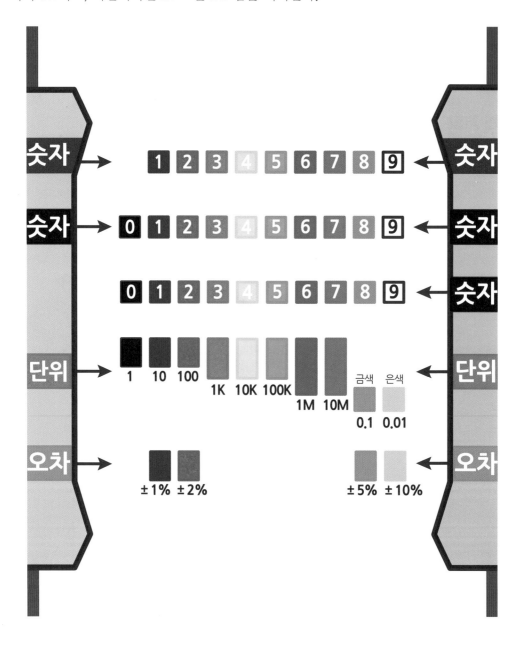

4색 저항띠

십의 자리	일의 자리	단위	오차
갈색	검은색	주황색	금색
1	0	1K = 1000	5%

저항값을 계산해 보자. 우선 오차 부분을 가장 오른쪽으로 둔다. 그다음 왼쪽부터 순차적으로 띠의 색깔을 확인한다. 4개의 띠를 가진 저항은 왼쪽부터 십의 자리, 일의 자리, 단위, 오차를 나타낸다.
앞에 있는 2개의 띠는 순서대로 갈색, 검은색이므로 10을 의미한다. 단위는 주황색이므로 1000을 곱해 10000Ω, 즉 10KΩ이 된다. 마지막 띠는 금색이므로 오차는 5%이다.

5색 저항띠

백의 자리	십의 자리	일의 자리	단위	오차
노란색	파란색	검은색	검은색	갈색
4	6	0	1	1%

띠 5개의 저항값을 계산해 보자. 처음 3개의 띠는 백의 자리까지의 숫자를 표현하고, 네 번째 띠는 단위를, 마지막 띠는 오차를 의미한다.
앞의 3개의 띠의 색이 순서대로 노란색, 파란색, 검은색이므로 460을 의미한다. 단위를 나타내는 띠는 검은색이므로 1을 곱해 460Ω이 되고, 오차는 갈색으로 1%이다.

✂ 계산해보기

⊕ 막대 저항값 구하기

다음 사진을 보고 각각의 저항값을 구해보자.

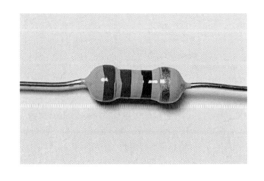

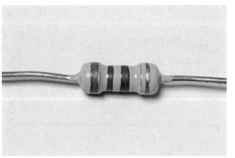

막대 저항 사용 방법

막대 저항은 가운데에 **몸체**, 그 양 끝에 두 개의 **다리**가 있다. 몸체는 저항을 발생시키며, 두 다리는 다른 전자부품이나 전선과 연결할 때 사용한다.

막대 저항값을 알기 위해서는 띠의 앞뒤 방향을 구별해야 한다. 그러나 막대 저항에는 극이 없기 때문에 회로 또는 다른 전자부품과 연결할 때 방향을 구분하지 않는다. 방향과 상관없이 두 다리가 연결되면 전류가 흐른다.

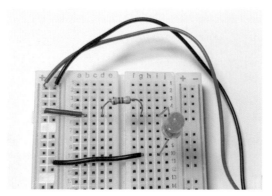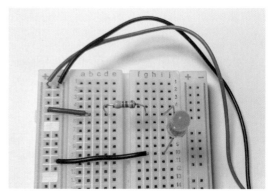

▲ 왼쪽은 [금빨보노], 오른쪽은 [노보빨금]으로 저항을 연결했다.
두 회로는 같다.

막대 저항은 회로상 어디든 연결되기만 하면 기능한다. 회로상에서의 저항과 LED의 연결 순서가 바뀌어도 저항은 회로 전체의 전류를 낮추는 역할을 한다. 그래서 LED의 밝기는 막대 저항의 위치와 상관없이 동일하다.

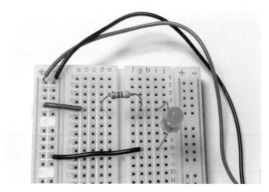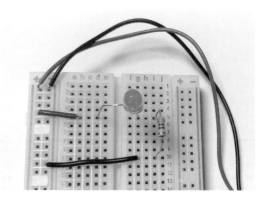

▲ 왼쪽 회로는 LED의 (+)극 앞에 저항이 있고, 오른쪽 회로는 LED의 (−)극 뒤에 저항이 있다.
두 회로는 같다.

가변 저항 사용 방법

가변 저항은 손잡이인 **샤프트**와 **몸체**로 구성되어 있으며 샤프트를 움직여 저항값의 크기를 조절한다.

다리는 3개로 양쪽 끝 다리에 전원의 (+)와 (−)극을 연결하고, 가운데 다리에는 저항값을 전달할 대상을 연결한다. 회전형/슬라이드형 가변 저항은 손잡이 부분이 밖으로 노출되어 있어서 직접 움직여 저항값을 바꿀 수 있다.

▲ 회전형/슬라이드형 가변 저항

트리머 형태의 가변 저항은 제품 내부에서 사용하며 일자 드라이버 같은 도구를 사용해서 저항값을 조절한다. 샤프트가 쉽게 움직이지 않기 때문에 특정한 저항값을 유지해야 할 때 사용한다.

▲ 트리머 가변 저항

💡 더 알아보기

⊕ 저항의 다양한 쓰임새

손잡이를 돌리거나 위아래로 샤프트를 움직이는 가변 저항은 음향 장비의 소리 크기를 변경할 때, 조명의 밝기를 조절할 때 사용한다.

3 ⚡ LED

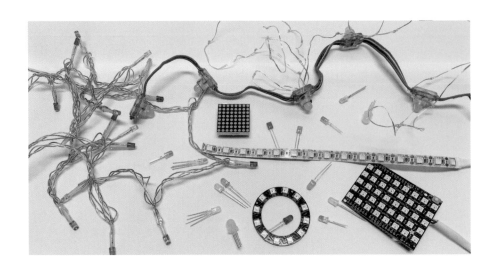

LED(Light Emitting Diode)는 전기가 흐르면 빛을 내는 전자부품이다. 어두운 곳을 밝히거나 공간을 꾸밀 때, 사용자에게 신호를 전달할 때 사용한다. 또한, 전기가 한쪽 방향으로만흐르는 반도체의 한 종류다. 따라서 제품에 전원이 연결되었는지 확인할 때도 사용하고, 회로 중간에 연결하여 전기가 잘 흐르는지도 확인할 수 있다.

⚡ LED의 종류

발광 다이오드

주로 원기둥 형태이며 한 부분에서만 빛을 낸다. 연결할 수 있는 다리가 2개인 것은 빛의 색이 정해져 있고, 다리가 4개인 것은 다양한 빛의 색을 만들 수 있다.

LED 스트립

여러 개의 LED를 동시에 사용할 수 있도록 길게 병렬 연결한 LED이다. 색이 정해져 있는 것도 있고, 조절할 수 있는 것도 있다. 필요한 만큼 자르고 연결해서 사용할 수 있어 실내조명이나 옥외간판에 많이 사용한다.

7세그먼트

LED 디스플레이의 한 종류다. 표시되는 7개의 막대를 세그먼트라고 부른다. 주로 숫자를 표현하는 계산기, 전자시계 등에서 사용한다. 알파벳을 표현할 때는 14세그먼트를 사용한다.

▲ 디지털 7세그먼트

도트 매트릭스

발광 다이오드가 여러 개의 가로줄과 세로줄로 나열되어 있으며 7세그먼트보다 다양한 글자나 그림을 표현할 수 있다.

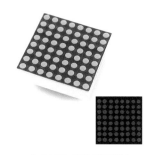

▲ 8x8 LED 도트 매트릭스

네오픽셀

데이터의 입출력으로 도트 매트릭스보다 더 많은 것을 조정할 수 있는 LED이다. 각 LED의 색, 밝기, 깜박임 속도 등을 조정해 움직이는 모양이나 글씨를 만들 수 있다.

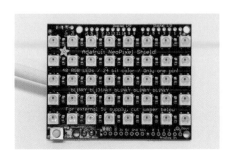

다양한 형태의 LED

LED는 효율이 좋아 적은 전기 에너지를 사용하면서도 밝은 빛을 낸다. LED 전구 등 생활 속에서 다양한 형태의 LED 사용이 늘고 있다.

메이커 LIVE

반짝이는 다양한 LED를 영상으로 만나보자!

https://youtu.be/JqJbtOhJeNM

⚡ 다리가 2개인 발광 다이오드 사용 방법

발광 다이오드는 **캡슐**과 **단자**로 이루어져 있다. 캡슐은 빛을 내는 머리 부분이고, 단자는 캡슐 밖으로 나와있는 다리를 말한다.

발광 다이오드의 다리에 전원이 연결되어야 밝게 빛이 난다. 전기가 흐르는 방향이 정해져 있기 때문에 (+)극과 (−)극을 구분해서 연결한다.

캡슐 바깥으로 튀어나온 다리의 길이로 (+)와 (−)극을 구분한다. 긴 다리는 (+)극과 연결하고, 짧은 다리는 (−)극과 연결한다. 구분하기 쉽도록 긴 (+)극의 다리를 한번 꺾어서 사용해도 좋다.

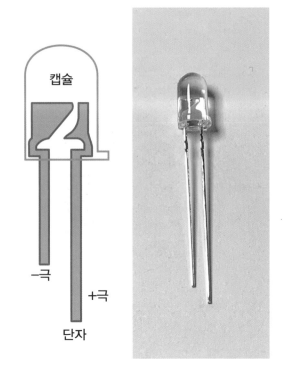

캡슐 안에 있는 단자의 모양을 보고도 (+)와 (−)극을 구분할 수 있다. (+)극과 연결된 부분은 아랫변이 긴 사다리꼴 모양이고, (−)극과 연결된 부분은 윗변이 긴 사다리꼴 모양이다.

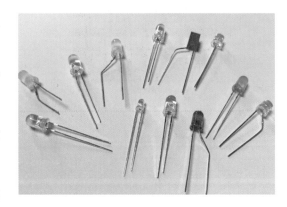

캡슐은 빛을 내는 부분을 감싸고 있으며 빛을 분산시키는 렌즈의 역할을 한다. 에폭시 수지나 실리콘으로 만들어지며, 원기둥 모양이 많다. 크기는 원기둥의 지름으로 3mm, 5mm, 10mm 또는 3파이, 5파이로 표현한다. 사각형 모양도 있다.

캡슐은 유색과 무색, 투명과 반투명이 있지만, 다리가 2개인 발광 다이오드 빛의 색은 하나로 정해져 있다.

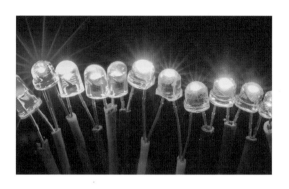

발광 다이오드의 빛의 색은 방출되는 에너지의 양으로 결정된다.

기본색은 빨간색, 주황색, 노란색, 초록색, 파란색이며 그 이외에도 다양한 색깔이 있다.

색마다 사용 가능한 전압과 전류의 크기가 다르다. 같은 저항을 사용했어도 발광 다이오드의 색에 따라 빛의 밝기가 다를 수 있다. 너무 높은 전압이나 전류가 발광 다이오드에 흐르면, 발광 다이오드가 타버린다. 아래 표에서 발광 다이오드의 허용 전압과 전류를 확인하고 사용하자.

빛의 색	최소 전압	최대 전압	전류(일반)	전류(최대)
빨간색	1.8V	2.3V	20mA	50mA
주황색	2.0V	2.3V	30mA	50mA
노란색	2.0V	2.8V	20mA	50mA
초록색	3.0V	3.6V	20mA	50mA
파란색	3.4V	3.8V	20mA	50mA
흰색	3.4V	4.0V	20mA	50mA

일반적인 발광 다이오드는 보통 2.2V 정도의 전압을 필요로 한다. 그래서 코인셀 건전지와 같은 3V의 전원과 함께 사용한다. 빛의 밝기를 조절하기 위해서는 저항을 사용한다. 밝은 빛을 내고 싶다면 작은 저항값의 저항을 연결하거나 또는 저항 없이 연결한다. LED가 눈부시다면 높은 저항을 연결해 사용한다.

▲ 저항을 연결하지 않음
(가장 밝음)

▲ 220Ω 저항을 연결한 상태

▲ 1000Ω 저항을 연결한 상태
(가장 어두움)

⚡ 다리가 4개인 발광 다이오드 사용 방법

다리가 4개인 발광 다이오드는 여러 가지
빛의 색을 만들 수 있다.

가장 긴 다리는 (−)극이고, 나머지 다리
는 각각 빛의 삼원색인 파란색, 초록색,
빨간색을 담당한다.

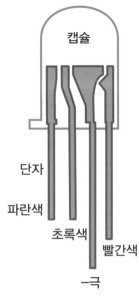

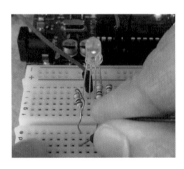

가장 긴 다리에 (−)극을 연결하고, 그 다리를 기준으로 혼자 있는 다리를 연결하면 빨간색이
켜진다. 둘이 있는 다리에서 안쪽 다리와 연결하면 초록색, 바깥쪽 다리를 연결하면 파란색
이 켜진다.

각 다리에 흘려주는 전류의 세기에 따라 빛의 색과 밝기를
조절한다. 여러 개의 다리에 동시에 전류를 흘려보내면 빛의
색이 섞이면서 다른 색상의 빛이 나온다.

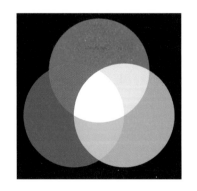

물감은 많이 섞을수록 검은색에 가까워지지만, 빛은 섞일수
록 백색에 가까워진다. 모든 다리에 같은 크기의 전류를 흘
려주면 백색의 빛이 나타난다.

⊕ 다양한 발전

낱개의 발광 다이오드는 전원의 연결 상태를 확인하거나 특정한 상황을 표시하기 위해서 사용하는 경우가 많다. 밝은 빛을 사용하고 싶다면 낱개의 발광 다이오드를 여러 개 연결하기보다 LED 스트립을 사용한다. LED 스트립은 여러 개의 LED가 하나의 선으로 쭉 연결되어 있으며, 필요한 길이만큼 잘라서 사용할 수 있다. 또는 여러 개의 잘린 LED 스트립을 연결해서 꺾인 모양이나 휘어서 사용할 수도 있다.
단일 색상 제품도 있고, 색을 조정할 수 있는 제품도 있다.

색이 정해진 LED 스트립도 다리가 2개인 다이오드처럼 연결 단자가 2개이다. (+)와 (−)극을 맞추어 전원과 연결하면 LED에 불이 들어온다.

스위치가 연결되어 있거나 USB 전원으로 사용할 수 있는 형태도 있다.

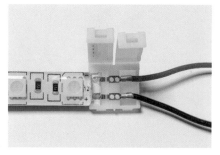

▲ 단자가 2개인 LED 스트립

빛의 색을 바꿀 수 있는 LED 스트립은 다리가 4개인 발광 다이오드처럼 연결 단자가 4개이다.

연결 단자는 각각의 색을 조절할 수 있는 R(빨간색), G(초록색), B(파란색)와 전원을 연결하는 (+)가 있다.

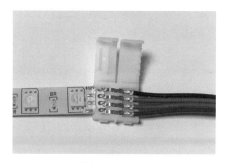

▲ 단자가 4개인 LED 스트립

빛의 색을 바꿀 수 있는 LED 스트립이지만 단자가 3개인 것도 있다.

아두이노 등의 미니컴퓨터 보드와 함께 사용하며, 전기 정보를 보내서 빛의 밝기와 색깔을 조절한다.

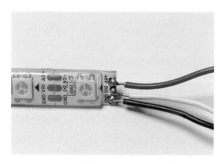

▲ 단자가 3개인 LED 스트립

4 ⚡ 모터

전동기라고도 불리는 **모터**는 전기에너지를 회전하는 운동에너지로 바꾸는 전자부품이다. 모터 안에는 자석으로 인해 자기장이 형성되어 있다. 이 자기장 안에 전류가 흐르면 힘이 발생하면서 회전하며, 플레밍 왼손 법칙을 이용해 움직이는 방향을 알 수 있다.

모터의 크기가 크다고 무조건 힘이 좋은 모터가 아니다. 모터의 힘인 **출력**은 토크와 회전수로 결정된다. **토크**는 회전력이고 **회전수**는 1분 동안 모터가 도는 빠르기다.

바람을 만드는 환풍기는 토크가 약하지만 회전수는 빠른 모터를 사용하고, 구멍을 뚫는 드릴에서는 회전수가 느려도 토크는 높은 모터를 사용한다. 모터를 선택할 때 무엇이 중요한지 생각해 본다.

모터에 바퀴, 날개 등의 물체를 직접 끼워 사용하기도 하지만, 회전 운동을 전달하기 위해 **기어, 축, 타이밍 벨트** 등 다른 부속품을 함께 사용한다. 기어는 톱니가 달린 바퀴로 톱니의 수에 따라서 회전 속도를 느리거나 빠르게 바꿀 수 있다.

⚡ 모터의 종류

만들기에 주로 사용하는 모터의 종류를 살펴보자. 모터마다 회전 각도, 회전 속도, 돌리는 힘, 제어 방법 등이 다르다.

▐ DC 모터

연속적으로 움직이면서 원을 그리는 회전 운동을 하는 모터이며 크기에 비해 힘이 좋다. 직류 전원을 사용하고 크기가 다양하다. 전압으로 회전 속도를 조절하거나, 전류의 방향을 바꾸어 회전 방향을 바꾼다.

▲ 5V 소형 DC 모터

▐ 진동 모터

회전을 이용해 부르르 떠는 진동을 만들어내는 모터이다. 막대형 진동 모터는 DC 모터에 한쪽으로 치우친 진동 추를 달아 사용한다. 진동을 만드는 회전체가 모터 안으로 들어가 있는 코인형 진동 모터도 있다.

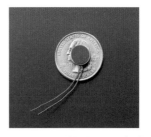

▲ 10mm 코인형 진동 모터 (3V)

▐ 서보 모터

모터에 제어보드가 포함된 모터이다. 보통 0~180° 사이의 각도를 제어한다. 정확한 각도만큼 위치를 이동시킬 수 있어 로봇 관절 등에 사용한다.

크기가 작은 마이크로 서보 모터도 있고, 360도 회전이 가능한 서보 모터도 있다. 다양한 모양의 감속 기어를 붙여 다른 물체와 연결해 사용한다.

▲ 서보 모터 (180°)

▐ 스텝 모터

스테퍼 모터, 스테핑 모터라고 부르기도 하며 일정한 각도씩 회전하는 모터이다. 한 바퀴의 회전을 많은 수의 스텝으로 나눠서 움직인다. 정밀한 움직임이 필요할 때 사용한다.

별도의 드라이버를 사용하여 회전 방향, 속도, 움직이는 스텝을 제어한다.

▲ 스텝 모터

⚡ 모터 사용 방법

▌DC 모터

2개의 단자가 있고, 전원의 (+)와 (−)극에 연결해 사용한다. (+)와 (−) 극이 바뀌면 모터의 회전 방향이 바뀐다. 토크는 방향과 상관없이 동일하다.

회전 속도는 전압의 크기로 조절한다. 그렇다고 모터의 정격 전압의 50% 이하로 전압을 공급하면 모터가 돌지 않고, 허용 전압의 100%로 사용하면 과부하가 걸릴 수 있다. 허용 전압의 70~90% 내에서 사용하는 것이 가장 효율적이다.

직류를 사용하므로 주로 건전지나 충전지를 전원으로 사용한다. 전원과 모터 사이에 가변 저항을 연결하거나 미니컴퓨터의 드라이버를 사용하여 여러 개를 한꺼번에 제어하기도 한다.

💡 더 알아보기

⊕ DC 모터의 다양한 쓰임새

DC 모터의 출력은 내부의 자석이 강력할수록 높아진다. 작은 DC 모터는 모형 자동차, 컴퓨터의 냉각팬 등에 사용하며 큰 DC 모터는 런닝머신, 레일바이크, 전동 킥보드 등에 사용한다.

원을 그리는 회전 운동이 필요한 곳에서 사용되지만, 크랭크, 피스톤, 캠 등의 기계 요소와 함께 사용하여 회전 운동을 직선 운동으로 바꾸기도 한다.

진동 모터

2개의 연결 단자를 가지고 있으며, 코인형 진동 모터는 극을 바꾸어 연결해도 사용할 수 있다.

진동의 크기는 전압의 크기로 조절한다. 전압을 낮추면 천천히 약하게 진동하고, 전압을 높이면 보다 크게 진동한다.

▲ 10mm 코인형 진동 모터 (3V)

🔆 더 알아보기

⊕ 진동 모터의 다양한 쓰임새

코인형 진동 모터는 선형공진액추에이터라고도 한다. 사람이 느낄 수 있는 정도의 작은 진동을 만든다. 주로 스마트폰, 스마트워치, 카페/음식점의 무선호출기 등 사람에게 알림을 주고 메시지를 전달하는 용도로 사용한다.

막대형 진동 모터는 보다 큰 진동을 만들어낸다. 진동은 진동자가 크고 무거울수록 커진다. 주로 안마기기에서 사용한다.

서보 모터

서보 모터의 플라스틱 케이스 안에는 DC 모터와 감속 기어, 소형 제어 장치가 있다. 내장된 감속 기어에 혼을 연결해 사용한다. 혼은 나일론, 카보나이트, 금속 등으로 이루어져 있고 원반, 막대, 십자 모양 등이 있다. 나사를 이용하여 혼의 구멍에 다른 부품을 고정할 수 있다.

▲ 180° 서보 모터와 혼

자체 크기에 비해 토크가 강한 편에 속한다. ㄷ자 모양의 **팬틸트** 또는 **브라켓**이라고 부르는 부품과 함께 로봇의 움직이는 관절을 만들 때 사용한다.

▲ 팬틸트와 팬틸트가 연결된 서보 모터

마이크로 서보 모터

마이크로 서보 모터는 5V로 작동하여 만들기에 많이 사용한다. USB나 아두이노에 연결해서 전원을 얻을 수 있다. 마이크로 서보 모터는 주로 0~180°로 움직이며 원을 그리며 회전할 수는 없다. 연결 단자는 3개가 있다. 2개의 단자는 전원과 연결하고 1개의 단자는 속도를 제어하는 미니컴퓨터 보드와 연결해서 사용한다.

스텝 모터

디지털 신호를 줄 때마다 일정한 각도와 속도로 정확하게 움직이는 모터다.

스텝 모터가 시계의 초침처럼 일정하게 움직이는 각도를 **스텝각** 또는 **스텝 각도**라고 부른다. 일반적으로 1.8°의 스텝각을 가진 모터를 사용하며, 이 경우 200 스텝을 움직여야 모터가 한 바퀴(360°)를 돈다.

4~6개의 단자가 있으며 2개는 전원에, 나머지는 전기 신호를 받는 데 사용한다. 회전 각수와 속도를 제어하기 위해서는 드라이버와 미니컴퓨터가 필요하다. 좋은 드라이버를 사용하면 발열과 소음을 줄일 수 있다. 드라이버가 내장된 일체형 스텝 모터도 있다.

높은 전압을 사용하며 크기가 큰 모터일수록 출력도 크다. 하지만 회전 속도를 올리면 토크는 감소한다.

▲ 스텝 모터

▲ L298N 모터 드라이버

▲ 스텝 모터 드라이버 + 방열판 (3D 프린터 모터 드라이버)

더 알아보기

⊕ 스텝 모터의 다양한 쓰임새

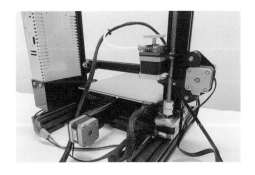

스텝 모터는 속도와 움직이는 범위를 정확하게 조절할 수 있으며, 회전 방향을 빠르게 바꿀 수도 있다. 세밀하게 움직여야 하는 전자제품(CCTV, 복사기, 의료기기 등)이나 정확히 움직여야 하는 기계(레이저 커터, 3D 프린터 등)에서도 사용한다.

5 피에조 부저

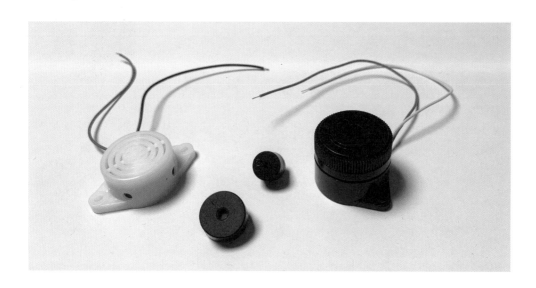

피에조 부저는 전류가 흐르면 소리를 내는 전자부품이다. 케이스와 밖으로 튀어 나온 두 개의 전선을 볼 수 있다. 케이스는 원통 모양의 플라스틱이며 윗면에는 소리가 퍼져 나가기 위한 작은 구멍이 뚫려 있다.

케이스 안쪽에는 작은 회로 기판과 황동으로 만든 얇은 원형 진동판이 있다. 전기가 통하면 이 진동판이 떨면서 주파수가 발생하고, 케이스 내부의 빈 공간을 활용하여 공진하면서 소리를 증폭시킨다.

▲ 피에조 부저 안의 진동판

피에조 부저의 종류

능동 부저

정해진 단일 음만 내는 피에조 부저이다. 능동 부저와 수동 부저의 생김새는 매우 비슷하기 때문에 두 다리의 길이 차이와 전원을 연결했을 때의 반응으로 구분한다. 능동 부저는 두 다리의 길이가 다르고 전원이 공급되면 바로 소리가 난다.

▲ 능동 부저

수동 부저

주파수를 사용하여 '도레미파솔라시도'의 간단한 음계를 출력할 수 있는 피에조 부저이다. 수동 부저는 두 다리의 길이가 같으며 전원을 연결했을 때 바로 소리가 나지 않는다. 수동 부저는 미니컴퓨터로 제어해 사용한다.

▲ 수동 부저

능동 부저 사용 방법

능동 부저의 (+)와 (−)극을 구분해 사용한다. 플라스틱 원통에 (+) 기호가 표시되어 있거나 홈이 파여진 부분이 (−)극이다. 단자가 있는 부분에도 극성이 표시되어 있다. 두 단자와 전원의 극을 맞추어 연결하면 소리가 난다.

소리의 세기는 피에조 부저에 흐르는 전압으로 조절한다. 5−24V의 전압, 10mA 미만의 직류 전류에서 작동한다. 전압이 클수록 소리의 세기도 커진다.

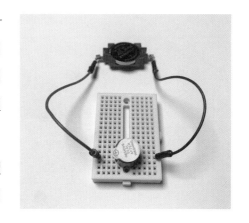

더 알아보기

⊕ 피에조 부저의 다양한 쓰임새

피에조 부저는 사람에게 어떤 정보나 상태를 알려주기 위해 사용한다. 도어록, 인터폰 등의 장치에서 터치 스위치가 제대로 눌렸는지 확인시켜주는 용도이다. 전자레인지, 전기오븐, 전기밥솥 등에서 음식이 다 되었음을 알려줄 때 사용하기도 한다.

6 센서

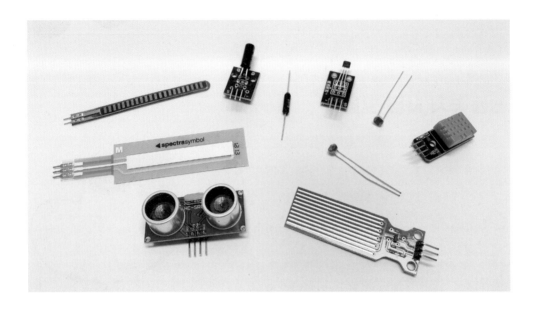

센서는 외부 환경의 정보를 수집하는 전자부품이다. 사람이 시각, 청각, 미각, 후각, 촉각 등의 감각기관으로 외부 환경의 정보를 얻는다면 전자제품은 센서를 통해서 얻는다. 센서는 온도, 습도, 빛, 터치, 압력, 진동, 소리, 기울기 등의 물리량이나 화학량을 감지하여 전기 신호로 바꾸거나 또는 정보의 변화에 따라 저항값이 달라진다. 가속, 압력, 기울기 등 여러 가지 상태를 한번에 측정하는 센서도 있다.

센서는 다른 부품을 작동시키는 스위치의 역할도 한다. 변화하는 물리량에 따라 출력장치에 흐르는 전류의 크기를 조절하거나, 센서의 전기 신호를 바탕으로 출력장치가 다르게 동작하도록 만들 수 있다.

대상의 상태 및 변화를 파악하기 위해 사용하기도 한다. 센서의 전기 신호를 데이터로 받아 미니컴퓨터를 이용하여 숫자나 글자로 나타낸다. 미세먼지 측정기는 공기 중에 미세 먼지의 농도를 측정하여 숫자로 나타낸다.

같은 대상을 서로 다른 센서를 사용해서 감지할 수 있다. 현관문 센서등처럼 움직임을 감지하면 작동하는 PIR 센서를 사용할 수도 있고, 움직임을 적외선 카메라로 감지할 수도 있다. 사용자가 얻고자 하는 데이터의 종류와 정확도에 따라 센서와 정보를 수집하는 방법을 선택한다.

💡 더 알아보기

⊕ 센서를 우리 몸과 비교해 보자

센서는 우리 몸의 감각 기관과 비슷한 역할을 한다. 데이터를 받고 컴퓨터가 연산하는 과정도 우리 몸에서 일어나는 과정과 닮아있다. 외부 환경에서 자극을 받아 움직이는 우리 몸과 전자 회로를 비교해보자.

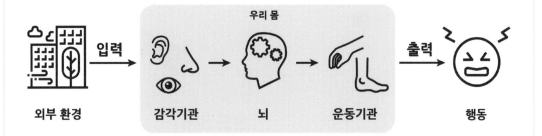

눈, 코, 귀, 피부 등의 감각기관은 외부 환경의 변화를 감지한다. 감각기관이 받아들인 정보를 뇌로 보내서 정보를 처리한다. 처리한 정보를 바탕으로 손, 발 등의 운동기관에 명령을 보내면 행동으로 반응한다.
예를 들어 뜨거운 물체를 손으로 만지면 피부가 열을 감지하고 뇌로 신호를 보낸다. 그럼 뇌는 손을 움직이라고 명령해 떼게 만든다.

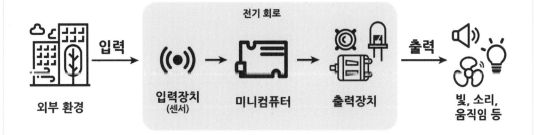

센서는 우리 몸의 감각기관과 같은 역할을 한다. 미니컴퓨터가 뇌의 역할을 담당하여 센서를 통해 입력된 외부 환경의 값을 확인, 계산, 저장한다. 그 결과를 바탕으로 입력된 값에 따라 출력장치로 명령을 보낸다. 전광판에 숫자를 표시하기도 하고, 모터를 돌리거나 스피커로 음성을 내보내기도 한다.

⚡ 센서의 종류

센서의 종류는 정말 다양하다. 감지하는 것이 같더라도 측정하려는 대상, 측정하는 주변 상황, 측정의 세밀한 정도 등에 따라서 세분화된다. 기본적인 센서를 살펴본다. 대부분의 센서는 측정하고 싶은 물리량을 저항값의 변화로 나타낸다.

▮ 조도 센서

포토레지스터 또는 광센서라고도 불리며 받아들이는 빛의 양에 따라 내부 저항값이 변하는 가변 저항이다. 어두운 곳에서 저항값이 높아진다.

▮ 기울기 센서

중력으로 인해 전기의 연결 상태가 달라져 스위치처럼 작동한다. 센서가 위를 향하면 센서 속에 있는 전도성 구가 움직여 양쪽 단자를 연결해 전류가 흐르고, 센서가 기울어지면 양쪽 단자가 떨어지면서 전류가 통하지 않는다.

▮ 휨 센서

구부러지는 정도에 따라 저항값이 바뀐다. 휘어질수록 저항값이 증가한다.

▮ 온도 센서

온도에 따라 저항값이 바뀐다. 온도가 올라갈수록 저항값이 감소한다.

▮ 압력 센서

센서에 가해진 힘, 즉 압력의 크기를 감지한다. 평소에는 저항값이 유지되다가 센서의 가운데 부분을 누르면 일시적으로 저항값이 감소한다.

▮ 초음파 거리 센서

일정한 간격을 두고 방사한 초음파가 물체에 부딪혀 돌아온 시간을 거리로 환산한다. 미니컴퓨터가 있어야 사용할 수 있다.

⚡ 미니컴퓨터 없이 사용하는 센서

앞에서 소개한 대부분의 센서는 변화하는 환경에 따라 저항값이 바뀌는 가변 저항과 같다. 그래서 미니컴퓨터가 없어도 센서를 통해 출력 장치의 동작 변화를 만들 수 있다.

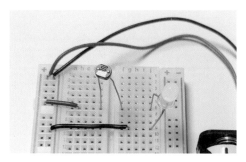

▲ 조도 센서에 빛이 많이 들어올 때는
LED가 밝다

▲ 조도 센서에 빛이 적게 들어올 때는
LED가 어둡다

조도 센서를 사용해 LED의 밝기를 바꿔보자. 조도 센서에 빛이 많이 들어올 때는 센서의 저항값이 낮아 LED가 밝게 빛난다. 반면 빛이 적게 들어올 때는 조도 센서의 저항값이 높아져 LED가 어두워진다. 이 회로를 활용하면 LED 밝기의 변화를 보고 조도 센서가 있는 곳이 밝은지 어두운지 알 수 있다.

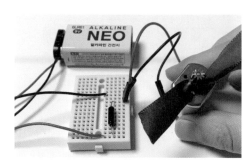

▲ 기울기 센서가 누워 있으면
모터가 돌지 않는다

▲ 기울기 센서를 세우면 단자가 연결되어
모터가 돈다

기울기 센서를 스위치처럼 사용해보자. 기울기 센서가 누워있으면 전류가 흐르지 않아 모터도 움직이지 않는다. 기울기 센서를 세우면 내부 단자가 연결되어 전류가 흐르면서 DC 모터가 회전한다. 이 회로를 사용하면 선풍기가 넘어지면 모터가 돌지 않게 만들 수 있다.

위의 두 회로로 정확한 변화량을 측정하기는 어렵다. 정확한 변화량을 숫자로 표기하기 위해서는 미니컴퓨터를 사용해야 한다. 그러나 대략적인 밝기나 속도만 알아도 충분하다면 이 회로를 활용할 수 있다.

⚡ 미니컴퓨터와 사용하는 센서

미니컴퓨터인 아두이노와 LCD 화면을 사용하여 센서로 측정한 값을 숫자로 나타내본다.

▲ 빛 센서를 가리지 않았을 때 측정한 값　　　▲ 빛 센서를 가렸을 때 측정한 값

조도 센서와 아두이노, LCD를 연결한 회로이다. 아두이노는 조도 센서의 저항값의 변화를 LCD에 숫자로 나타내도록 코딩되어 있다. 밝은 곳에서는 높은 숫자가 나타나고, 어둡게 하면 숫자가 낮아진다.

▲ 초음파 센서와 물건의 거리가 멀면　　　　▲ 초음파 센서와 물건의 거리가 가까우면
　　 LED에 불이 들어오지 않는다　　　　　　　　 LED에 불이 들어온다

초음파 센서와 아두이노, LED를 연결한 회로이다. 아두이노는 초음파 센서와 대상의 거리에 따라 저항값이 달라지게 코딩되어 있다. 달라진 저항값으로 LED의 빛의 밝기를 조절한다. 초음파 센서에서부터 물체가 멀리 있을 때는 저항값이 높아 LED가 어둡고, 물체가 가까이 있을 때는 저항값이 낮아 LED가 밝다.

미니컴퓨터를 사용하는 회로는 센서의 측정값을 정확히 표시할 수 있고, 센서값에 따라 출력 장치를 세밀하게 제어할 수 있다. 하지만 단순히 LCD 화면에 데이터를 표시하는 것은 큰 의미가 없다. 데이터를 바탕으로 어떤 행동을 하게 만드는 코드와 장치를 만드는 것이 더 중요하다.

⚡ 모듈 형태의 센서

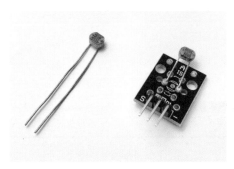

▲ 왼쪽 : 일반 형태의 빛 센서
오른쪽 : 모듈 형태의 빛 센서

센서는 미니컴퓨터와 연결해서 사용하는 경우가 많아 모듈 형태로 만들기도 한다. 일반 형태의 센서에 추가 부품과 기판이 함께 조립되어 있다.

미니컴퓨터에 바로 연결할 수 있어 편리하지만, 부피가 크고 형태가 정해져 있기 때문에 작품을 만들 때는 불편할 수도 있다.

💡 더 알아보기

➕ 센서와 미니컴퓨터의 다양한 쓰임새

사람의 감각기관으로 정확한 차이를 측정하거나 판단하기 어려운 곳에 센서와 미니컴퓨터를 활용한다.

학교 앞에 설치된 무인 교통단속 장비는 지나가는 차의 속도를 숫자로 표시해준다. 전자저울 역시 무게를 측정하고 숫자로 표시한다.

스스로 판단하고 작동하는 전자제품에도 센서와 미니컴퓨터가 들어있다.

공기 청정기는 주변 공기의 미세먼지 농도 등을 측정하여 공기가 좋지 않을 때 자동으로 작동한다. 세탁기는 빨래의 무게를 측정하여 사용할 물의 양과 세탁 시간을 결정한다.

7 미니컴퓨터

미니컴퓨터는 개발자 보드라고도 불리며 다양한 입력, 출력 장치를 연결하여 사용한다. 미니컴퓨터를 사용하기 위해서는 코드를 작성해야 한다. 코드는 연결된 센서에서 입력받은 값을 어떻게 계산할 것인지, 계산에 따라 다음 명령을 어떤 전자부품에 전달할 것인지와 같은 명령어 순서 체계를 말한다. 미니컴퓨터는 코드에 따라 전자부품을 제어하거나 데이터를 저장하고 주고 받는다.

모델에 따라 기능과 크기가 다르다. 특정한 목적이 있는 미니컴퓨터는 각종 모듈이 내장되어 있기도 하다. 연결할 수 있는 전자부품의 종류도 제각각이며, 출력장치 중에는 미니컴퓨터에 마이크로컨트롤러가 있어야 제어할 수 있는 부품도 있다. 만드는 작품의 목적과 사용하는 부품 수, 작품의 크기 등을 고려하여 미니컴퓨터를 선택한다.

입문자는 아두이노 우노 보드를 가장 많이 사용한다.

▲ 아두이노 나노 33 BLE Sense
소리, 온도 등을 측정하는 센서와 블루
투스 모듈이 내장되어 있다

▲ JME-2 코어 보드
LCD 스크린을 사용하기 위한 칩이
내장되어 있다

▲ 타이니두이노
아두이노 우노와 동일한 기능을
하지만 크기가 매우 작다

🔵 간단한 미니컴퓨터

초보자가 다루기 쉬운 미니컴퓨터 몇 가지를 소개한다. 기능의 종류와 개수는 한정되어 있지만, 다른 부품과 커넥터 등으로 손쉽게 연결하여 기능을 추가할 수 있다. 코드는 블록을 끼워 완성하는 블록코딩을 사용한다.

마이크로비트 microbit.org

신용카드보다 작은 크기다. 기울기, 빛, 가속도 등을 측정하는 센서와 LED가 내장되어 있다. 25개의 핀이 있어 다른 부품을 연결할 수 있다.

메이키메이키 makeymakey.com

전도성 물체를 입력 장치로 만들 수 있다. 과일, 점토 등을 연결해 키보드나 건반으로 만든다. 간단한 게임이나 전자 소리가 나는 악기를 만들 수 있다.

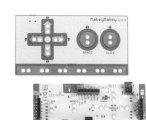

레고 마인드스톰 www.lego.com/ko-kr/themes/mindstorms/about

레고사의 위두, 마인드스톰은 스파이크 프라임 레고를 이용하여 만들기를 할 때 사용한다. 커넥터를 끼워 레고 형태의 전자부품 모듈을 쉽게 연결할 수 있다. 거리 센서, 빛 센서 등을 통해 받아들인 값으로 모터 등의 움직임을 제어한다.

🔋 대표 미니컴퓨터

▊ 아두이노 www.arduino.cc

아두이노는 다른 미니컴퓨터보다 입력장치와 출력장치
를 자유롭게 연결하고 제어할 수 있다. 오픈 소스를 기반
으로 다양한 부품과 연결해 여러 기능을 수행하는 작품
을 만들 수 있다. 가격이 저렴한 편이고 접근하기 쉬워
만들기 활동에 많이 쓰인다.

모델마다 기능과 크기가 다양하다. 기본 기능을 갖췄고 저렴한 **아두이노 우노**를 가장 많이 사용한다.
핀이 많이 필요하다면 아두이노 메가, 크기가 작아야 한다면 아두이노 미니/나노/마이크로를 선택한다.
아두이노 중 릴리패드는 전도성 실을 이용해 전기 회로를 만들 때 사용한다. 보드마다 내장되어 있는
센서나 모듈에 차이가 있다. 블루투스, 와이파이 등의 기능이 내장되어 있는 모델을 선택할 수도 있다.

동일한 모델에서도 헤더핀이 있는 것과 없는 것을 선택할 수 있다. 헤더핀이 있는 것은 점퍼선이나 부
품의 단자를 꽂아 연결할 때 사용하고, 헤더핀이 없는 것은 필요한 유형의 헤더핀을 직접 납땜할 때, 전
선 및 부품과의 연결이 끊어지지 않게 납땜으로 고정할 때 사용한다.

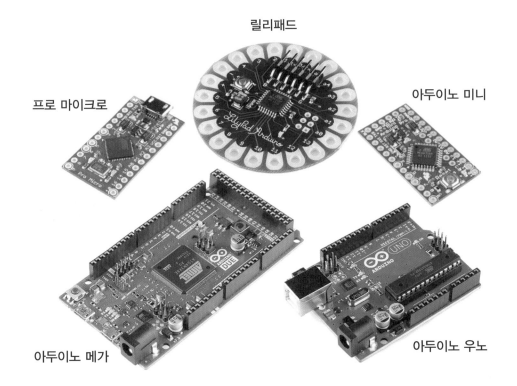

릴리패드

프로 마이크로

아두이노 미니

아두이노 메가

아두이노 우노

▊ 라즈베리파이 www.raspberrypi.org

라즈베리파이는 데스크탑/노트북과 거의 동일한 기능을 수행하는 미니컴퓨터이다. 다른 미니컴퓨터와는 달리 운영 체제를 설치하여 사용한다. 모니터, 키보드, 마우스를 연결해서 컴퓨터처럼 사용할 수도 있다. 게임, 미디어 플레이어, 사물인터넷을 위한 OS, 데스크탑/노트북에서도 사용하는 OS인 우분투까지 다양한 OS를 설치할 수 있다.

▲ 설치 가능한 운영체제의 종류

아두이노에 비해 보드의 모델이 다양하지는 않다. 라즈베리파이는 기본적으로 블루투스, 와이파이로 통신할 수 있기 때문에 데이터를 입력받고, 계산하고, 전송하는 작품에 많이 사용된다. 아두이노보다는 가격이 높은 편이다.

▲ 라즈베리파이4 B 모델 보드

💡 더 알아보기

⊕ 맞춤형 미니컴퓨터, 인쇄회로기판

인쇄회로기판(Printed Circuit Board, PCB)은 인쇄배선기판(Printed Writing Board, PWB)이라고도 부르며, 구리 배선이 가늘게 인쇄되어 부품을 꽂을 수 있는 판이다.

아두이노와 라즈베리파이는 개발자 보드로써 다양한 기능을 사용할 수 있다는 장점이 있지만, 작품에 사용하지 않는 기능도 많다. 사용할 기능을 정했고 똑같은 작품을 여러 개 만들 때는 PCB를 주문 제작하여 사용하기도 한다.

미니컴퓨터에 필요한 코딩

미니컴퓨터가 작동하려면 코드가 필요하다. 코드는 여러 개의 명령어를 적어 놓은 텍스트 파일이며 코드를 만드는 과정은 **코딩** 또는 **프로그래밍**이라고 부른다. 컴퓨터로 코드를 작성한 후, 케이블로 연결하여 미니컴퓨터로 전송한다. 라즈베리파이를 제외한 다른 미니컴퓨터는 대부분 코드 파일을 한 개만 저장할 수 있다. 코드는 크게 블록 형태와 텍스트 형태가 있다.

블록형 코드 scratch.mit.edu

블록 형태의 코드를 사용하는 대표적인 프로그램은 **스크래치**다. 무료 소프트웨어이며 웹에서도 사용할 수 있다.

블록형 코드는 각 명령어가 블록 모양이며 블록을 연결하는 순서에 따라 코드가 작동한다.

텍스트형 코드보다 쉽고 직관적이어서 코딩을 처음 배울 때 많이 사용한다. 텍스트 형태만큼 코드를 자유롭게 작성할 수는 없으며, 코드가 길어지면 한 화면에서 작업하는 것이 불편하다.

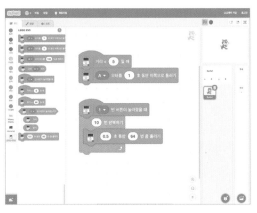
▲ 블록형 코드를 만드는 스크래치

텍스트형 코드 www.arduino.cc/en/software

텍스트형 코드의 대표적인 프로그램은 아두이노의 **IDE**가 있다. 무료 소프트웨어이며 설치하여 사용한다.

키보드를 이용하여 명령어를 영어로 입력한다. 특정 기능을 수행하기 위한 명령어 묶음인 라이브러리를 다운로드해 사용할 수도 있다.

명령어와 코드 작성 규칙을 알아야 하기 때문에 블록형 코드보다는 어렵다.

텍스트형 코드는 파이썬, C언어, 자바스크립트 등 언어마다 규칙이 조금씩 다르다. 미니컴퓨터의 코딩 외에도 다양한 소프트웨어를 만들 때 사용한다.

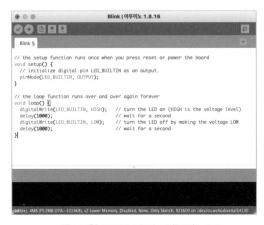
▲ 텍스트형 코드를 만드는 아두이노 IDE

⚡ 시뮬레이터

시뮬레이션을 제공하는 프로그램을 사용하면, 미니컴퓨터와 부품이 없어도 전기 회로를 만들고 코딩하여 테스트해 볼 수 있다.

마이크로비트의 메이크코드 등 일부 코드 작성 프로그램에서는 시뮬레이터 기능을 지원한다. 코드를 만든 후 시뮬레이션을 시작하는 버튼을 누르면 코드에 따라 미니컴퓨터가 작동하는 모습을 확인할 수 있다. 코드가 잘 작동하는지 확인할 때 유용하다.

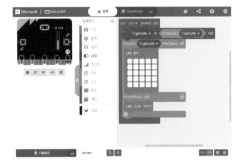

▲ 마이크로비트의 메이크코드 화면

틴커캐드 서킷, 프리칭 등의 무료 시뮬레이션 프로그램에서는 다른 전자부품도 추가하여 전기 회로를 만들고 테스트할 수 있다. 작품을 만들기 전에 필요한 부품을 탐색할 때 활용하면 좋다.
다음 파트에서 틴커캐드 서킷을 자세히 소개한다.

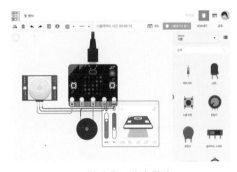

▲ 틴커캐드 서킷 화면

💡 더 알아보기

⊕ 라이브러리

라이브러리는 특정한 기능을 수행하거나 전자부품을 사용하기 위한 명령어의 묶음이다. 미리 만들어진 함수 등을 활용해 보다 간편하게 코드를 작성할 수 있다. 사용하는 센서, LED 스트립, 서보 모터 등 사용하는 부품에 따라 라이브러리를 추가적으로 설치해야 하는 경우도 있다.

▲ 스크래치의 설치 가능한 라이브러리 목록

같은 종류의 전자부품도 역할, 모양, 기능에 따라 자세하게 나눠 봤다. 나의 작품을 만들 때는 어떤 전자부품이 필요할까? 더 안전하고 효율적인 전자부품을 고르는 방법은 없을까?

전자부품을 선택할 때 생각할 질문

질문 1

전자부품의 역할을 알아보자!

같은 역할을 다른 전자부품이 할 수도 있고, 하나의 전자부품이 여러 가지의 역할을 할 수도 있다.

질문 2

전자부품의 위치와 크기를 확인하자!

전자부품은 주로 작품의 안쪽에 위치한다. 전자부품의 위치와 공간을 확인하고 적절한 크기를 선택한다.

질문 3

작품이 사용되는 주변 환경을 확인하자!

전자제품은 습도, 온도에 민감하게 반응한다. 기능을 제대로 발휘할 수 있도록 주변 환경을 확인한다.

질문 4

전자부품이 작동하지 않아요!

전원이 연결되어 있는지 확인한다. 전지를 사용한다면 전지가 방전되지 않았는지 확인하고, 어댑터를 사용한다면 전자부품에 필요한 전압과 전류를 제공하는지 확인한다.
미니컴퓨터에서 전원을 가져와 사용하는 경우, 연결된 부품이 많으면 전원공급이 부족할 수 있다.

전선이 잘 연결되어 있는지 확인한다. 점퍼선을 이용했다면 중간에 선이 빠지지 않았는지 확인한다.
납땜을 했다면 중간에 전선이 끊어지지 않았는지 확인한다. 멀티미터가 있다면 회로에 전류가 잘 흐르고 있는지 확인한다.

망가진 전자부품이 있는지 확인한다. 전선이 제대로 연결되어 있다면 고장 난 부품을 찾는다. 부품을 새 것으로 바꾸어보며 회로를 확인한다.

틴커캐드 서킷

앞에서 다양한 전자부품을 살펴보았다.
회로를 만들며 테스트하고 싶은데, 전자부품을 다 사야만 하는 걸까?
가상으로 회로를 구성하고 시뮬레이션 할 수 있는 틴커캐드 서킷을
배워보자!

PART 03

틴커캐드 서킷의 단축키

단축키를 알고 있으면 작업할 때 편리하다.
틴커캐드 서킷에서는 전선의 색을 바꾸는 숫자 단축키를 가장 많이 사용한다.

Ctrl + C
선택된 부품 복사

Ctrl + V
복사된 부품 붙여넣기

Ctrl + Z
명령 취소

Ctrl + Y
명령 복구

Ctrl + I
선택을 제외한 모든 선택
/ 전체선택

전자 부품 이동

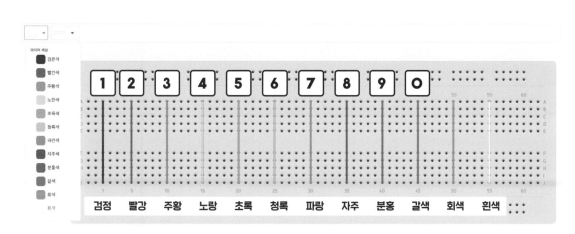

전선 색상 바꾸기

| Delete | or | Back Space |

선택된 부품 지우기

R

전자부품
시계 방향 회전

Shift + R

전자부품
시계 반대 방향 회전

Esc

전선 연결
중단하기

S

시뮬레이션
시작 / 중지

F

화면 전체 맞추기

Shift

누르고
여러 부품 선택하기

CHAPTER

01

틴커캐드 서킷
소개와 시작

틴커캐드(Tinkercad)는 미국의 3D모델링 프로그램 전문 회사 오토데스크(Autodesk)사의 제품으로, 3D 디자인, 전자회로 및 코딩을 위한 프로그램이다. 메이커, 디자이너, 일반인 등 전 세계에 4000만명 이상의 사용자를 보유하고 있다.

틴커캐드는 쉽고 직관적이고 무료이기 때문에 교육용 프로그램으로 많이 사용하고 있다.

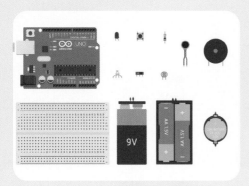

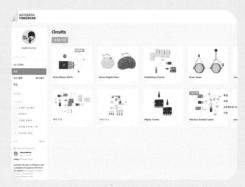

1 틴커캐드

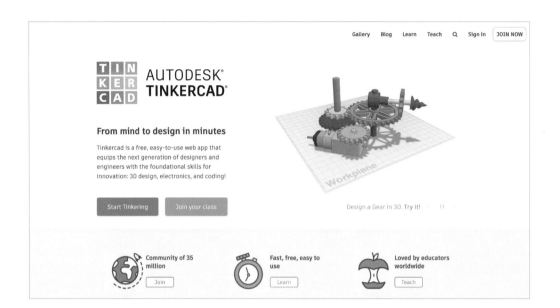

틴커캐드는 미국의 3D 모델링 프로그램 전문 회사인 오토데스크의 제품으로, 3D 디자인, 전자 회로 및 코딩을 위한 프로그램이다. 가입만 하면 누구나 무료로 이용할 수 있다. 가장 독특한 점은 컴퓨터에 설치하지 않고 인터넷에 접속하여 이용한다는 것이다. 작업한 파일 역시 클라우드에 자동으로 저장된다. 어떤 컴퓨터에서든 인터넷만 연결되어 있다면 작업을 이어서 할 수 있다.

영어로만 제공하다가 2017년 이후 한글을 포함한 다양한 언어로 제공하고 있다. 또한 온라인 교육이 증가하면서 학생의 계정과 수업을 관리하는 클래스룸 기능도 추가되었다.

틴커캐드는 학생과 교육자 모두가 아이디어를 펼칠 수 있도록 돕는 편리한 프로그램이다.

⚡ 틴커캐드의 시작은 3D 모델링

처음에 틴커캐드는 3D 모델링을 디자인하는 기능만 있었다. 기존의 3D 모델링 프로그램과 다르게 도면을 그리는 2D 스케치 기능이 없고, 3D 입체 도형을 더하고 빼는 과정을 반복하며 3D 형상을 만든다.

과거의 3D 모델링 프로그램은 고사양 컴퓨터가 필요했지만, 틴커캐드는 누구나 웹으로 쉽게 접근하여 가볍게 3D 모델링을 할 수 있다. 제작한 3D 모델링을 3D 프린팅을 위한 파일로 다운로드할 수도 있다.

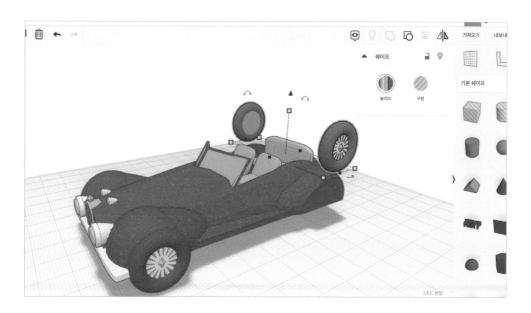

▶ 메이커 다은쌤과 틴커캐드 3D 모델링

이 책에서 틴커캐드의 3D 모델링 방법을 소개하지는 않는다.
영진닷컴에서 출판한 아래의 책과 유튜브 영상으로 배울 수 있다.

▶ 메이커 다은쌤의 틴커캐드

https://bit.ly/TINKER
CAD2019

≫ 3D 프린팅을 위한 틴커캐드

https://bit.ly/TINKER
CAD2020

⚡ Circuit(서킷)의 틴커캐드 합류

오토데스크는 3D 모델링이 가능한 123D Design, 3차원 형상을 2차원의 단면으로 만들어 주는 123D MAKE 등 123D 시리즈 프로그램을 제공해왔다. 2014년부터 간단한 전자 회로의 구성과 아두이노 시뮬레이션을 할 수 있는 123D Circuit이 제공되기 시작했지만, 2017년부터는 123D 시리즈의 모든 서비스가 종료됐다. 그러면서 123D Circuit의 기능이 틴커캐드로 들어오게 된다.

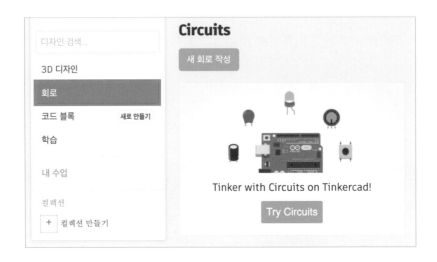

틴커캐드 서킷은 간단한 회로 구성과 코딩, 그리고 동작해 볼 수 있는 시뮬레이션을 제공하는 프로그램이다. 물리적인 부품이 없어도 회로를 시험해 볼 수 있다.

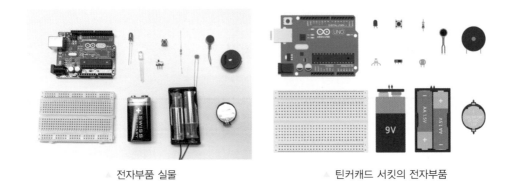

▲ 전자부품 실물   ▲ 틴커캐드 서킷의 전자부품

실제 전자부품과 서킷의 전자부품의 모습이 거의 똑같이 생겨서 서킷만으로도 전자부품의 생김새에 익숙해질 수 있다. 서킷에서 이것저것 시험하여 회로를 완성한 후 필요한 전자부품을 구매해보자.

2 ⚡ 틴커캐드 시작하기

🔵 구글 크롬에서 시작하기

인터넷 브라우저는 엣지, 크롬, 사파리, 파이어폭스 등 다양하지만, 틴커캐드는 구글 크롬을 사용하길 권장한다. 다운로드 오류나 언어 번역 오류가 가장 적어 안정적으로 작업할 수 있다.

구글 크롬을 열고 주소창에 틴커캐드 주소를 입력해보자.
www.tinkercad.com

🔵 틴커캐드 한국어로 사용하기

틴커캐드의 기본 언어는 영어다. 한글을 사용하고 싶다면 화면의 가장 아래로 내려가 오른쪽 밑에 있는 [English]를 [한국어]로 변경하면 된다.

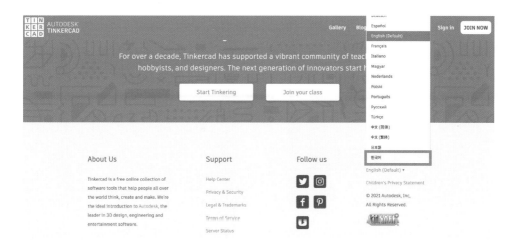

변경해도 반응이 없다면 브라우저 창을
새로고침한다.

3 ⚡ 틴커캐드 가입하기

틴커캐드를 사용하기 위해 계정을 만들어보자. 인터넷가입법에 따라 어린이 회원(만 14세 미만)의 가입 경로가 다르듯이, 틴커캐드도 만 12세 미만(미국 나이 기준)의 어린이 회원가입 절차가 다르다. 따라서 나이에 따른 "개인 계정"과 어린이를 초대하는 "수업" 기능으로 나눠 설명한다.

⚡ 개인 계정 생성(14세 이상 일반인)

개인 계정을 만들기 위해 오른쪽 상단의 [지금 가입(Join Now)]을 클릭한다. 중고등학생이라면 개인 계정을 만들어서 관리하는 것을 추천한다. 개인 계정을 만들면 "교사" 계정으로 변경 할 수도 있다. 개인 계정과 교사 계정은 크게 다르지 않다.

[개인 계정 생성]을 누른다. 사용하는 구글, 애플 등의 계정을 이용하거나 E-mail과 생년월일을 입력하여 계정을 만든다. 구글 클래스룸을 통해 만들어진 학생의 구글 메일로는 나이에 상관 없이 로그인하여 사용할 수 있다. 틴커캐드를 통해서 만든 계정은 오토데스크 사의 다른 프로그램을 사용할 때도 사용할 수 있다.

⚡ 개인 계정을 교사로 전환

14세 미만의 학생 또는 어린이를 틴커캐드로
초대하려면 "교사" 계정이어야 한다. 일반
계정을 교사 계정으로 변환할 수 있다.

로그인 후 오른쪽 상단 대시보드의 사람 아
이콘을 누르고 [프로파일]을 선택한다.

'Tinkercad를 어떻게 사용하시겠습니까?' 라
는 질문의 대답으로 [교사]를 선택하고 [변경
사항 저장]을 누른다. 로그아웃하고 다시 로
그인 한다.

다시 사람 아이콘을 누르면 [수업]이라는 메
뉴가 생겼다. 대시보드에도 [수업]이라는 메
뉴가 생겼다. 같은 메뉴이다.

⚡ 교사의 수업 만들기

대시보드의 [수업] 메뉴로 들어가 [새 수업 만들기]를 클릭하여 수업을 만든다. 틴커캐드 계정이 없거나 14세 미만인 어린이를 틴커캐드로 초대할 수 있다. 이미 계정이 있는 학생도 수업에 참여할 수 있다.

강의실의 이름을 작성한다. 학년과 주제는 선택하지 않아도 된다. [수업 만들기]를 클릭한다.

만들어진 수업의 이름을 클릭한다. 수업에 참여할 학생 계정을 추가하기 위해 [학생 추가]를 클릭한다.

초대할 학생의 이름을 적는다. 우리나라는 이름이 짧아 별도의 별칭을 만들기보다는 이름과 별칭을 동일하게 입력한다. 학생들은 별칭을 입력해서 로그인하기 때문에 학생들도 편리하다.

수업이 개설되었다. 수업은 서로 다른 반을 구분하기 위해 여러 개를 개설할 수도 있다.

개설된 수업의 계정으로 참여한 학생은 기본적으로 틴커캐드의 공유 기능을 사용할 수 없다. 공유는 자신의 작업물을 틴커캐드 사용자에게 공개할 수도 있지만, 다른 사람의 작업물을 복사해서 가져올 수도 있다. 학생의 공유 기능을 활성화하고 싶다면, 수업에서 위쪽의 초록색 [Safe]를 눌러 해제하면 된다.

[수업 코드]를 클릭한다. 영문과 숫자가 섞인 12자리의 코드가 생성되었다. 개설된 수업의 [수업 코드]와 [별칭]을 학생에게 알려준다. 학생은 코드와 별칭을 입력하고 로그인한다.

⚡ 개인 계정 학생의 수업 참여

개인 계정을 가진 학생도 교사가 개설한 수업에 참여할 수 있다. 개인 계정으로 로그인한 뒤 대시보드의 [내 수업]을 클릭하고 교사가 제공한 수업 코드를 입력한다.

개인 계정이 아니라 교사가 개설한 수업에 초대되어 만들어진 계정은, 교사가 수업을 삭제하면 제작한 작품들이 모두 사라진다.

따라서 만 14세 이상의 중고등학생은 개인 계정의 사용을 권장한다. 자신의 계정에 남은 과정과 작업물은 소중한 자산이 될 것이다.

⚡ 어린이 참여(14세 미만)

계정을 만들 때 만 14세 미만의 생년월일이 입력되면 아래와 같은 창이 나타난다. 부모님의 E-mail을 입력하고 승인을 받을 수도 있지만, 과정이 모두 영어로 제공되기 때문에 불편할 수 있다. 부모가 개인 계정을 교사로 만들고 수업을 만든 뒤, 아이를 수업에 참여시키는 것도 하나의 방법이다.

Welcome hope3412

지금 승인을 받으십시오!

계정이 현재 제한되어 있으므로 디자인 작성 작업을 시작하려면 부모 또는 교사의 승인이 필요합니다. 제한된 계정은 14일 이내에 승인을 받아야 합니다.

교사 승인 받기:

즉시 승인을 받으려면 해당 교사의 수업에 참여하십시오!

수업에 참여

부모 승인 받기:

부모 또는 보호자에게 다음을 요청하십시오.

1. 이메일(및 스팸)에 Autodesk로부터 수신된 이메일이 있는지 확인하도록 하십시오.
2. 이메일에 제공된 링크를 따라 **자신의** Tinkercad 계정에 로그인하거나 계정을 만들도록 하십시오.
3. 귀하의 계정을 승인하도록 하십시오!

완료되었습니다!

⚡ 수업 참여 방법

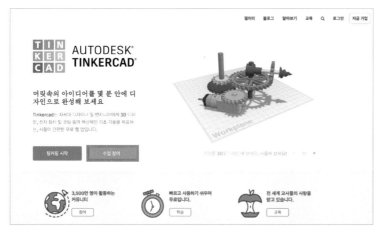

학생의 입장에서 틴커캐드에 로그인해보자. 메인 화면 중앙에 있는 [수업 참여], 오른쪽 상단의 [로그인] 또는 [지금 가입]을 눌렀을 때 나오는 [학생, 수업 참여] 버튼을 클릭한다.

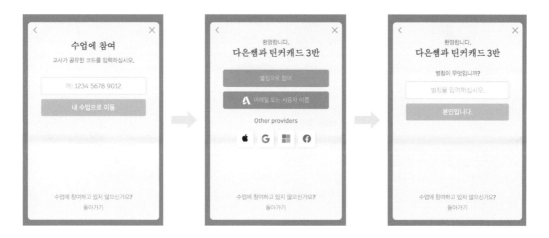

교사에게서 받은 수업 코드를 입력하고, 반 이름을 확인한 뒤 부여 받은 별칭을 입력한다. 특별한 가입 절차 없이 어린 학생들도 틴커캐드에 로그인해서 프로그램을 사용할 수 있다. 이제 틴커캐드를 시작해보자.

4 ⚡ 틴커캐드 서킷 – 대시보드

틴커캐드에 로그인하면 대시보드 화면이 보인다. 대시보드의 왼쪽 메뉴에서 틴커캐드의 다양한 기능을 선택할 수 있다. 처음에는 [3D 디자인]으로 열리므로, [회로]를 눌러 틴커캐드 서킷의 대시보드 화면을 확인해보자.

홈 버튼
대시보드 화면으로 이동한다.

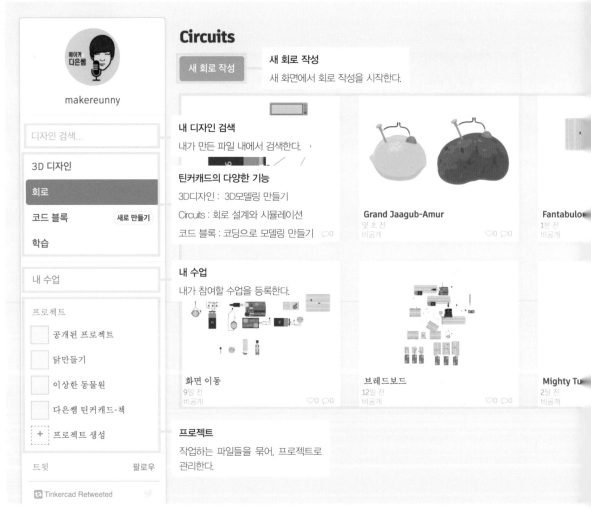

더 알아보기

⊕ Welcome 화면창

맨 처음 로그인 할 때만 보이는 화면이다. [Let's Go] 버튼을 클릭하면 튜토리얼 과정을 진행한다. 이 과정에서 제작된 모델링은 저장되지 않으니 주의한다. 그림과 같은 창이 뜨면 오른쪽 상단의 [X]를 눌러서 닫자.

전체 검색
틴커캐드 전체 사용자의 파일을 검색한다.

소개 메뉴
틴커캐드에 관한 정보를 얻는다.

| 수업 | 갤러리 | 블로그 | 알아보기 | 교육 | Q |

사용자 계정 메뉴
사용자의 정보를 확인한다.

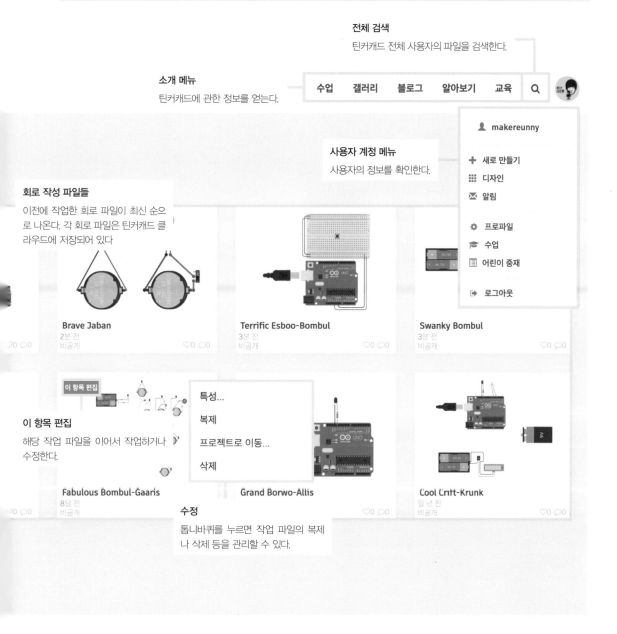

회로 작성 파일들
이전에 작업한 회로 파일이 최신 순으로 나온다. 각 회로 파일은 틴커캐드 클라우드에 저장되어 있다

이 항목 편집
해당 작업 파일을 이어서 작업하거나 수정한다.

수정
톱니바퀴를 누르면 작업 파일의 복제나 삭제 등을 관리할 수 있다.

5 ⚡ 틴커캐드 서킷 – 작업 화면

대시보드의 [회로]에서 [새 회로 작성]을 누르면 빈 작업 화면이 나타난다. 작업 화면의 구성을 간단하게 살펴보자. 여기에 원하는 부품을 가져와 회로를 연결해 시뮬레이션 할 수 있다.

홈 버튼
대시보드 화면으로 이동한다.

내 설계
파일의 이름을 변경한다.

전선 색과 타입
전선의 색상과 종류(일반, 악어클립, 점퍼선 등)를 선택한다.

조정 메뉴
부품을 회전하거나 삭제한다. 수행한 명령을 실행 취소하거나 다시 실행할 수 있다. 회로에 글을 남기는 메모 기능도 있다.

화면 맞춤
작업 화면에 있는 모든 부품이 한눈에 보이도록 화면을 조정한다.

부품 추가 메뉴
부품을 작업 화면으로 옮기면 부품의 종류에 따라 다양한 추가 메뉴가 오른쪽 상단에 나타난다.

작업 화면 (Work plane)
회로 구성 작업이 이루어지는 화면이다.

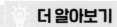
더 알아보기

⊕ 어색한 한글 번역

틴커캐드 서킷의 한글 번역이 완벽하지 못하다. '저항'을 '레지스터'라고 표현한다거나 '가변 저항'을 '분압기'
라고 표현한다. 따라서 정확한 용어의 설명을 찾아보며 진행하면 좋다. 전자부품의 명칭도 익힐 겸 틴커캐
드 서킷을 영어로 사용해 보는 것도 좋은 방법이다.

구성 보기
작업중인 회로 또는 사용된 부품 구성
을 확인한다.

작업 메뉴
코드 편집, 시뮬레이션 시작, 공유
기능들이 있다.

부품 검색창
원하는 부품의 이름을 입력하여
찾는다.

부품 설명
각 부품의 간단한 설명을 볼 수 있다.

여 전압과 전류를 줄입니
다.

LED
전기가 올바른 방향으로 통
과할 때 불이 켜지는
LED(Light-Emitting
Diode)입니다.

누름 버튼
누르면 회로가 닫히는 스위
치입니다.

분압기
손잡이를 돌리면 저항이 변
하는 레지스터 유형입니다.

콘덴서
회로에서 전기 에너지를 저
장 및 방출합니다.

슬라이드 스위치
두 개의 위치(열림 또는 닫
힘)가 있는 스위치입니다.

9V 배터리
모터와 같이 높은 전력이
요구되는 경우에 적합한 일
반 배터리입니다.

부품 메뉴
회로 설계에 필요한 기본 전자부품이
나열되어 있다. "기본"을 누르면 크게
구성요소와 스타터 메뉴가 보인다.

구성요소 메뉴에서는 각각의 전자 부
품을 가져온다.

스타터 메뉴에서는 전자부품으로 만
들어진 기본 회로를 가져올 수 있다.

구성요소
기본

구성요소
  기본
  모두
스타터
  기본
  Arduino
  micro:bit
  회로 조립품
  모두

레지스터   LED

누름 버튼   분압기

콘덴서   슬라이드 스위치

9V 배터리   코인 셀 3V 배터리

1.5V 배터리   작은 브레드보드

micro:bit   Arduino Uno R3

틴커캐드 서킷
기본 사용법

틴커캐드 서킷을 활용하여 회로를 만들어보자.
다양한 전자부품을 가져와 필요한 조건으로 바꿔본다.
화면을 자유롭게 움직이고 전선으로 부품을 연결하여 회로를 연결하는
방법을 알아보자.

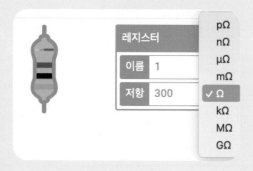

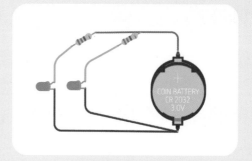

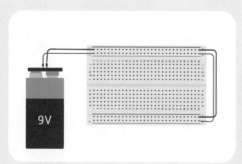

1 작업 화면으로 부품 가져오기

회로를 구성하고 연결하기 위해서는 전자부품이 필요하다. 필요한 전자부품을 틴커캐드 서킷의 작업 화면으로 가져와 보자. 모든 전자부품이 있진 않지만, 기본적이며 많이 사용하는 부품은 갖추고 있다. 오른쪽 부품 메뉴에서 원하는 부품을 클릭한 뒤 작업 화면 위를 클릭한다. 또는 부품을 작업 화면 위로 드래그한다.

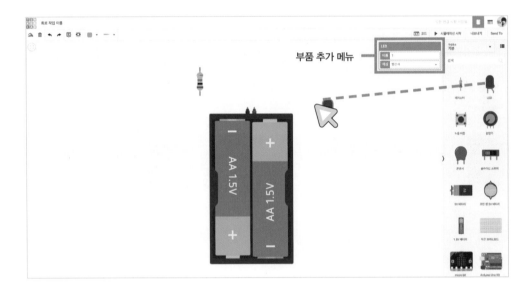

⚡ 부품별 추가 메뉴

부품을 작업 화면으로 가져오면, 해당 부품의 추가 메뉴가 부품 메뉴 옆에 나타난다. 대표적인 부품만 살펴보자. 대부분의 부품은 오른쪽 사진의 '누름 버튼'처럼 이름만 바꿀 수 있다.

회로가 복잡하고 부품의 수가 많은 경우 기능에 따라 이름을 변경하면 이해하기 쉽다.

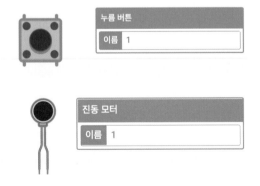

⬚ LED

LED는 추가 메뉴에서 색상을 변경할 수 있다.

실제 LED는 색상에 따라 필요한 저항값이 다르다. 다른 저항값은 147p에서 확인할 수 있다.

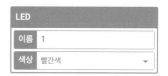

⬚ 저항(레지스터)

저항값의 단위를 지정하고 원하는 저항값을 입력한다. 저항값에 맞게 몸통의 띠 색깔이 변한다.

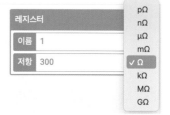

⬚ 1.5V 건전지(배터리)

배터리의 개수, 유형, 내장 스위치의 유무를 바꿀 수 있다. 건전지의 개수가 증가하면 직렬 연결되어 전압이 높아진다.

2 작업 화면의 조정

작업 화면에 필요한 부품을 가져왔다면, 내가 작업하기 편한 구성으로 화면을 바꿔보자.

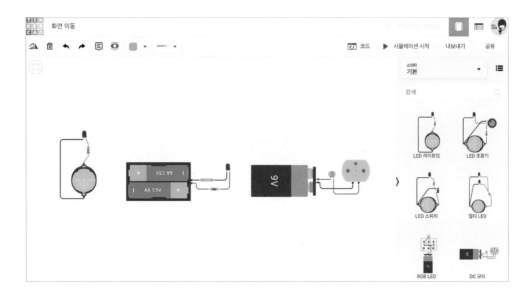

화면 시점 이동

작업 화면의 빈 공간에 마우스 오른쪽이나 왼쪽 버튼을 클릭한 채로 화면을 움직이면 화면의 시점을 위, 아래, 좌우로 이동할 수 있다.

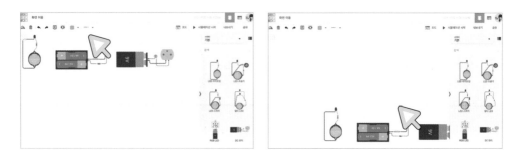

🔆 더 알아보기

⊕ 드래그 사용 주의

틴커캐드 서킷의 작업 화면에서는 드래그로 여러 개의 부품을 한꺼번에 선택할 수 없다. 드래그를 시도하면 화면의 시점이 변경될 뿐이다. 여러 개의 도형을 한꺼번에 선택하는 방법은 뒷장에서 확인한다.

화면 확대 / 축소

작업 화면에 마우스 커서를 두고 스크롤 휠을 돌리면 화면이 확대/축소된다.
마우스 커서의 위치가 [기준] 역할을 하기 때문에 확대/축소를 원하는 위치에 커서를 두어야 한다.

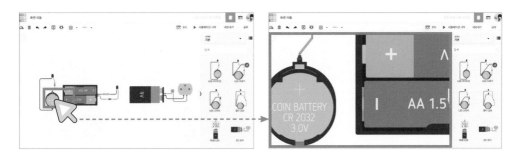

마우스 커서를 코인셀 건전지 위에 놓고 스크롤 휠을 아래로 돌려 화면을 확대해 보자. 코인셀 건전지
가 크게 보인다.

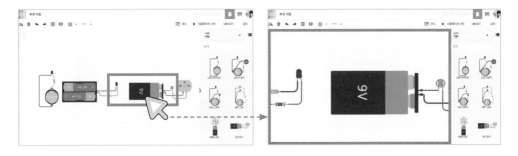

마우스 커서를 9V 건전지 위에 놓고 스크롤 휠을 아래로 돌려 화면을 확대해 보자. 9V 건전지가 크게
보인다. 축소할 때도 마찬가지로 마우스 커서를 놓는 위치에 따라 축소하는 중심 위치가 변한다.

작업 화면의 모든 부품을 한눈에

틴커캐드 서킷의 작업 화면은 끝이라는 경계가 없다. 계속해서 빈 공간으로 이동하다 보
면 위치를 잃을 수 있다. 이럴 때는 왼쪽 상단의 [화면 맞춤] 버튼을 클릭하자. 또는 키보
드의 F 를 누른다. 작업 화면에 놓인 부품이 한눈에 보이도록 화면이 조정된다.

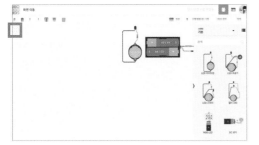
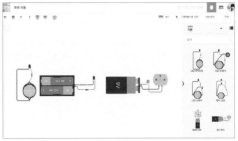

3 ⚡ 부품 선택과 이동

⚡ 단일 부품 선택과 이동

작업 화면에 옮긴 전자부품을 클릭하면 부품에 파란색 테두리가 생기며 선택되었음을 알린다.

부품을 마우스 커서로 잡은 상태로 드래그하면 작업 화면에서 이동시킬 수 있다.

또는 부품을 선택한 상태에서 키보드의 방향키를 눌러서 이동시킬 수도 있다.

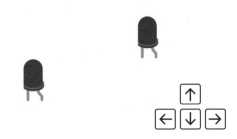

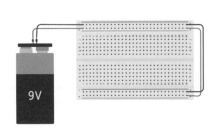

▲ 브레드보드와 연결된 9V 건전지와 전선

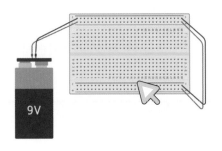

▲ 브레드보드만 선택하여 움직일 때

부품을 이동할 때 연결된 전선의 점들은 함께 이동하지만, 전선 전체가 따라 움직이진 않는다. 함께 이동하고 싶다면 부품과 전선을 동시에 선택하고 이동해야 한다. 여러 개의 부품과 전선을 선택할 때는 키보드의 Shift 를 누른 상태로 순차적으로 클릭하면 동시 선택된다. 이때 부품과 전선이 함께 이동할 수 있다.

⚡ 전체 선택은 역 선택의 활용

다양한 프로그램에서 사용하는 전체 선택 단축키인 [Ctrl]+[A]가 틴커캐드 서킷에서는 작동하지 않는다. 선택해야 할 부품이 많을 때 [Shift]만 사용하기는 번거롭다. 이럴 때 역 선택 단축키를 사용해 보자.

부품이 선택되지 않은 상태에서 [Ctrl]+[I]를 누르면 전체 선택이 된다. 또는 하나의 부품을 선택한 상태에서 [Ctrl]+[I]를 누르면 선택된 부품을 뺀 모든 부품을 모두 선택할 수 있다. 그다음 [Shift]를 누르고 선택이 풀린 부품을 클릭하면 전체를 선택할 수 있다.

💡 더 알아보기

⊕ 부품의 선택과 전선 연결점 구분

전자부품에 마우스 커서를 대면 빨간색 네모가 만들어지는 지점이 있다. 이 부분을 클릭하면 전선이 만들어진다.

특히 브레드보드는 전선을 연결하는 점이 많다. 브레드보드 자체를 이동하고 싶다면 빨간색 점을 피해 외곽 부분을 클릭해 파란색 테두리가 생겼는지를 먼저 확인한다.

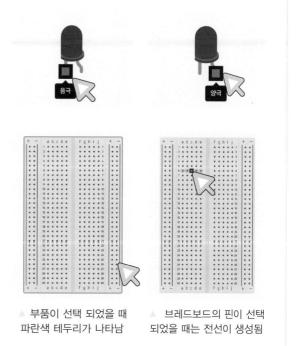

▲ 부품이 선택 되었을 때 파란색 테두리가 나타남

▲ 브레드보드의 핀이 선택 되었을 때는 전선이 생성됨

4 조정 메뉴의 사용

틴커캐드 서킷 화면 왼쪽 상단의 기능들을 살펴보자.
왼쪽부터 순서대로 회전, 삭제, 명령 취소, 명령 복구, 노
트 도구, 노트 가시성 전환이다.
조작은 클릭과 키보드 단축키로 할 수 있어 데스크탑과
태블릿 PC로도 편리하게 작업할 수 있다.

부품 회전([R])

부품을 선택하고 [회전] 버튼을 눌러 방향을 바
꿔보자. 한번 누를 때마다 시계 방향으로 30°씩
회전한다. 주로 전선을 연결할 때 보기 좋게 배
치하기 위해서 사용한다. 브레드보드와 연결되
어 있는 부품은 브레드보드만 회전해도 함께
회전한다. 단축키는 [R]이다.

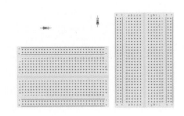

부품 삭제([Delete], [Back Space])

부품을 선택하고 [쓰레기통] 버튼을 누르면 선택된 부품이 삭제된다.
키보드의 [Delete], [Back Space]를 눌러도 된다.

노트 도구와 가시성 전환

작업 화면에서 작동하는 기능이나 회로에 메모할 수 있다. 여러 사람과 함께
작업할 때 유용하다. 눈 모양의 [가시성 전환] 버튼을 눌러 모든 노트를 숨기
거나 나타나게 한다.

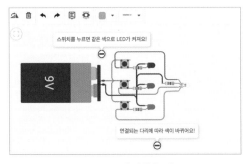

▲ 노트를 추가했을 때

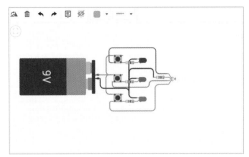

▲ [가시성 전환] 버튼을 눌러 노트를 숨겼을 때

5 전선의 연결

 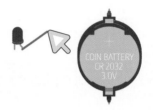

부품에 전선을 연결해 회로를 구성하자. 부품의 전선 연결 다리에 마우스 커서를 올리면 빨간색 네모가 나타난다. 클릭하면 마우스의 움직임을 따라 전선이 생성된다. (+)와 (−)극을 구분하는 부품이 많으니 연결할 때 주의하자.

전선을 만드는 도중에 작업 화면을 클릭하면 점이 생성되면서 전선이 구부러진다. 전선을 만드는 기능은 다른 부품의 끝을 클릭하여 연결하면 자동으로 종료된다.

Esc를 누르면 전선 만들기 기능이 취소되며 작업 중이던 전선이 모두 사라진다.

전선을 만들 때 마우스를 수직 또는 수평으로 이동하면 밝은 하늘색의 보조선이 나타난다. 이 보조선을 참고하여 전선을 최대한 직각으로 꺾으며 그리는 것이 좋다.

⚡ 전선의 색상

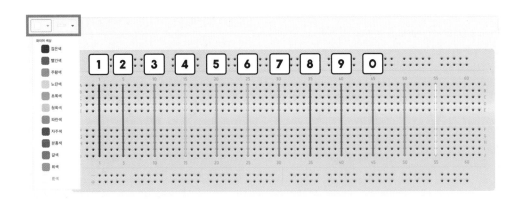

전선은 색을 바꿔 구분한다. 전선을 만들 때 왼쪽 상단 메뉴에서 색상과 타입을 바꿀 수 있다. 또는 키보드의 숫자 키를 이용해서 바꾼다. 전선을 선택하고 숫자 키 2 를 누르면 빨간색으로 바뀐다.

⚡ 전선의 꺾임점 추가와 삭제

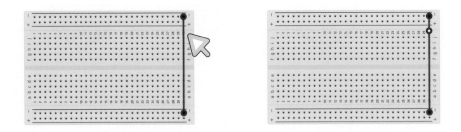

이미 만들어진 전선의 중간에 점을 추가할 수 있다. 전선을 선택하고 원하는 지점에 더블클릭하면 흰색 동그라미의 꺾임점이 추가된다.

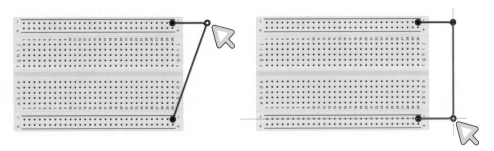

추가한 점을 마우스로 클릭하고 드래그하여 전선의 모양을 바꿀 수 있다. 최대한 직각으로 전선을 그리자. 추가한 점을 선택하고 Delete 를 눌러 지울 수도 있다.

⊕ 전선의 올바른 배치

회로를 처음 구성할 때부터 전선을 잘 배치하자. 처음
에는 어떤 전선이 어디랑 연결되었는지 기억할 수 있
지만, 며칠 후에는 이해하지 못할 수 있다. 다른 사람
에게 설명할 때도 전선의 연결이 보기 편해야 좋다.

오른쪽 사진은 적절하지 않은 전선 배치이다.
좋은 배치의 전선을 만들기 위해 아래 사항을 기억하자.

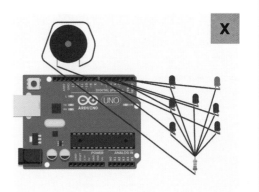

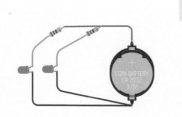
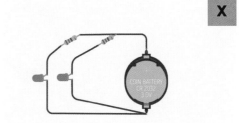

전선의 용도에 따라 색으로 구분하자.
같은 색의 전선은 구별하기 어렵다. 일반적으로 (+)극은 빨간색, (−)극은 검은색으로 표현한다.

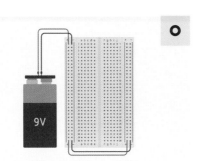
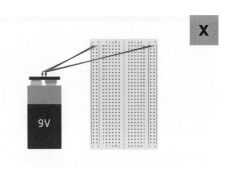

전선을 X 형태로 겹치지 않는다.
또한 전선으로 부품의 다른 연결점을 가리지 않는다. 특히 브레드보드 위로 전선이 지나가면 많은 연결점을
가리게 된다. 브레드보드에 전선을 연결할 때는 최대한 바깥의 여분 공간에 직각으로 꺾어가며 배치한다.

6 회로 완성과 시뮬레이션

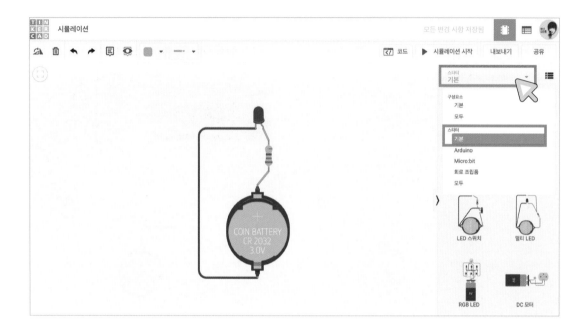

다양한 부품으로 회로를 구성하고, 회로가 제대로 작동하는지 시뮬레이션으로 확인하자. 아직 직접 만든 회로가 없다면, 서킷에서 제공하는 스타터를 활용한다. [구성요소 기본]을 눌러 [스타터 기본]으로 부품 메뉴를 바꾼다. 기본적인 형태의 회로를 확인할 수 있다. [기본]에서 회로를 가져와 시뮬레이션 해보자.

가장 상단의 [LED 라이트업] 스타터를 사용한다. 3V 코인셀과 LED, 저항이 연결되어 있다.

오른쪽 상단의 [시뮬레이션 시작] 버튼을 클릭하면 LED에 불이 들어온다.

시뮬레이션 중에는 회로를 변경할 수 없으며 [시뮬레이션 중지] 버튼을 먼저 눌러야 한다. 저항값을 바꿔가며 시뮬레이션이 어떻게 변하는지 관찰해보자.

시뮬레이션 실행과 중지의 단축키는 S이다.

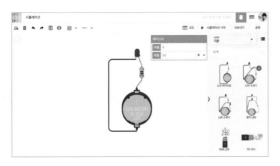 

기본 [LED 라이트업]은 저항값이 220Ω으로 설정되어 있다. 저항값을 50Ω으로 바꾼 뒤 다시 [시뮬레이션 시작]을 누른다. 저항값이 낮아져서 LED 빛이 밝아진다.

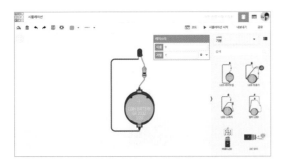 

저항값을 더 줄여 1Ω으로 바꿔보자. [시뮬레이션 시작]을 누른다. LED 주변에 [!]가 나타나고 클릭하면 '저항이 너무 약해 LED 수명이 감소될 수 있다'는 메시지가 나온다. 시뮬레이션으로 회로의 작동 여부뿐만 아니라 주의사항도 확인할 수 있다.

💡 더 알아보기

⊕ 시뮬레이션은 시뮬레이션일 뿐!

시뮬레이션으로 회로의 동작 여부를 확인하는 것은 좋다. 하지만 가장 정확한 방법은 실제 전자부품으로 직접 회로를 만들어 확인하는 것이다. 예를 들어 LED는 147p에서 소개했듯이 색상에 따라 필요한 저항값이 다르다. 시뮬레이션에서도 표현되긴 하지만, 저항값 변화에 따른 빛의 밝기 차이는 눈으로 확인하는 것이 정확하다.

7 코딩과 시뮬레이션

전자부품을 다양한 상황에서 제어하려면 아두이노나 마이크로비트와 같은 미니컴퓨터를 함께 사용한다. 미니컴퓨터는 164p를 참고한다. 틴커캐드 서킷에서도 미니컴퓨터를 부품으로 제공하며 코드를 만들어서 시뮬레이션 할 수도 있다. 이 책에서 자세히 다루지는 않지만, 스타터로 제공되는 기본 기능들을 살짝 살펴보자.

⚡ 마이크로비트(micro:bit)

서킷에서 제공하는 마이크로비트 스타터를 활용해보자. [구성요소 기본]을 눌러 [micro:bit]를 선택한다. 오른쪽 상단에 있는 [경보]를 작업 화면으로 가져와 시뮬레이션을 시작해보자.

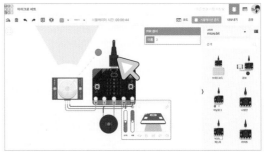

[경보] 회로는 적외선 인체감지센서인 PIR 센서를 사용하고 있다. [시뮬레이션 시작]을 누르고 PIR 센서 앞에 있는 물체를 여러 방향으로 움직여보자. 그러면 마이크로비트 화면의 LED 창에 느낌표 모양이 뜨면서 '삐'하는 부저음이 들린다.

[시뮬레이션 시작] 버튼 옆의 [코드] 버튼을 누르면 회로에 적용된 코드를 확인할 수 있다. 마이크로비트는 블록 코드를 주로 사용한다. 움직임이 감지되었을 때 LED 모양이 변하고 부저음이 난다.

⚡ 아두이노(Arduino)

서킷에서 제공하는 아두이노 스타터를 활용해 시뮬레이션하고 코드를 바꾸어보자. [구성요소 기본]을 눌러 [Arduino]를 선택한다. 오른쪽 상단에 있는 [깜박임]을 작업 화면으로 가져와 시뮬레이션을 시작해보자.

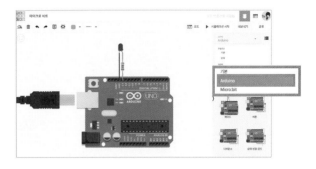

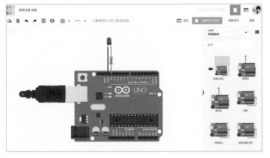

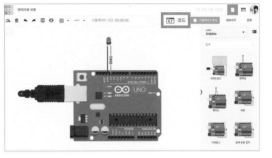

[시뮬레이션 시작]을 누르면 1초 간격으로 깜박이는 LED를 볼 수 있다. 시뮬레이션을 중지시킨 뒤 [코드] 버튼을 눌러 깜박이는 시간을 바꿔보자.

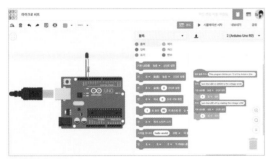

▲ 1초 간격 깜박임이 설정된 블록형 코드

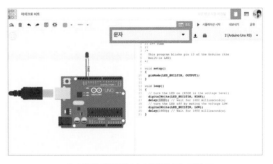

▲ 1초 간격 깜박임이 설정된 문자형 코드

[코드]의 기본 구성은 [블록]으로, [블록]을 클릭해 코드의 형식을 [문자]로 바꿀 수 있다. 문자형 코드는 블록형 코드보다 만들기 어렵지만, 세밀한 제어가 가능하며 다양한 라이브러리를 사용할 수 있다. 처음은 블록형으로 시작하더라도 본격적으로 만들어보려면 문자형 코드를 공부하는 것이 좋다.

8 ⚡ 저장과 공유, 다운로드

⚡ 저장

작업 파일은 자동으로 클라우드에 저장된다. 오른쪽 상단의 메시지가 '저장 중'에서 '모든 변경 사항 저장됨'으로 바뀌면 자동이 완료된 상태이다. [새 회로 작성]을 눌러 파일을 만들면 임의의 이름으로 저장된다. 인터넷 연결이 불안하여 확실하게 저장을 하고 싶다면 F5 또는 브라우저 창을 새로고침한다.

저장된 파일을 확인하기 위해 왼쪽 상단의 [홈버튼(로고)]을 눌러 대시보드 화면으로 이동해 보자. 그동안 작업했던 회로 파일 목록이 나타난다. 파일에 마우스 커서를 가져가면 [이 항목 편집]과 [톱니바퀴] 버튼이 나타난다. [이 항목 편집]은 작업을 이어서 하는 기능이고, [톱니바퀴]는 파일 이름의 변경, 삭제, 파일 공유 등의 기능을 한다.

🔵 전체 공유와 검색

회로 파일을 틴커캐드의 모든 사용자에게 공유해 보자. 대시보드 화면에서 작업 파일의 [톱니바퀴]를 클릭하면 나타나는 메뉴에서 첫 번째 [특성]을 클릭한다. 공유하는 파일의 이름, 설명, 태그를 설정할 수 있다. 그다음 [개인 정보 보호]에서 [비공개]를 [공개]로 변경하면 된다. 공개된 파일의 라이선스는 CC(Creative Commons)를 따른다.

수업 참여로 들어온 학생 계정은 교사가 [Safe] 기능을 비활성화 해야만 전체 공유와 검색을 할 수 있다. 교사 계정의 수업 기능을 소개한 182p에서 확인할 수 있다.

전 세계의 사용자들이 공유한 파일을 찾아보자. 대시보드 화면에서 오른쪽 상단의 돋보기 모양 버튼을 클릭한다. 설정을 [3D 디자인]에서 [회로]로 바꾸고 검색어를 입력한다. 영어권 사용자가 많기 때문에 영어로 검색해야 자료가 많다. 'servo motor'를 검색하면 서보 모터를 활용한 다양한 회로 작품들을 볼 수 있다. 필요하다면 파일을 클릭하고 [복사하여 편집]을 누른다. 공유된 파일이 복사되어 나의 대시보드에 저장된다.

⚡ 파일 다운로드

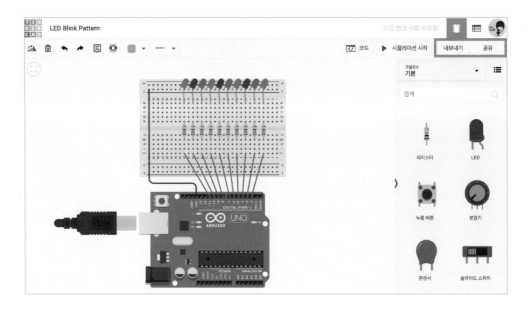

틴커캐드 서킷의 작업 화면에서 파일을 다운로드하거나 공유할 수 있다. 순차적으로 깜박거리게 설계된 회로의 모습이다. 아두이노 보드와 여러 개의 LED, 저항이 사용되었다. 회로를 만들 때 사용한 부품의 목록과 회로도의 모습을 파일로 다운로드해보자.

▲ [구성요소 목록]을 누르면 나타나는 화면

	A	B	C
1	이름	수량	구성요소
2	U1	1	Arduino Uno R3
3	D1, D5, D8, D11	4	초록색 LED
4	D2, D6, D9	3	빨간색 LED
5	D4, D7, D10	3	노란색 LED
6	R1, R2, R3, R4, R!	10	220 Ω 레지스터
7			
8			
9			
10			

▲ CSV 다운로드 파일을 엑셀로 연 화면

오른쪽 상단의 [구성요소 목록]을 클릭한다. 틴커케드 서킷 작업 화면에 사용된 모든 전자부품의 종류와 개수를 확인할 수 있다. [CSV 다운로드]를 클릭하면 사용된 전자 부품목록을 엑셀 파일로 열어서 확인할 수 있다.

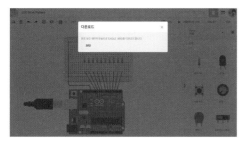

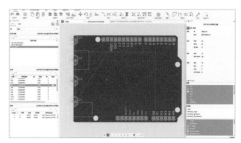

▲ [내보내기]를 누르면 나타나는 화면 　　　　　▲ 다운받은 *.brd 파일을 퓨전 360으로 연 화면

오른쪽 상단의 [내보내기]를 클릭하면 *.brd 형식의 파일로 다운로드할 수 있다. *.brd 파일
형식은 회로 전문 설계 프로그램인 Eagle CAD에서 호환되는 파일 형식이다. 인쇄회로기판
인 PCB를 제작할 때 사용하는 프로그램 중 하나이다.

⚡ 작업공간에서 공유

앞 페이지에서는 전체 사용자에게 파일을 공유하는 방법을 소개했다. 서킷 작업 화면을 개인
사용자에게 공유하는 방법을 알아보자.

작업 화면 오른쪽 상단의 [공유]를 클릭하면 [이
디자인 공유]라는 창이 나타난다. 여기서 디자
인의 스냅샷 밑에 다운로드 버튼을 클릭하면 서
킷에서 만든 회로의 그림이 다운로드된다.

이어서 하단의 [사용자 초대]를 누르면 초대 url
이 형성된다. 이 주소를 일러주면 다른 사용자
와 하나의 파일에서 동시 작업을 할 수도 있다.

CHAPTER
·············
03

회로 만들기

틴커캐드 서킷을 사용하는 기본 방법을 알아보았다.

이제 직접 회로를 만들고 시뮬레이션 해보자.

주어진 미션을 확인하고 정답을 확인하기 전에 스스로 먼저 해보자.

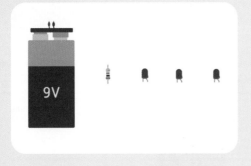

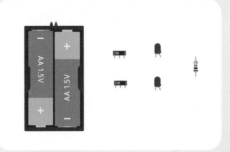

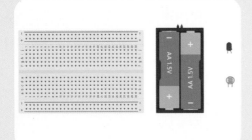

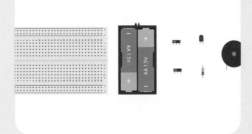

1. LED 1개 켜기
2. 푸시 버튼으로 LCD 1개 켜기
3. 직렬로 LED 3개 켜기
4. 병렬로 LED 3개 켜기
5. 슬라이드 스위치와 병렬 연결로
   LED 2개 켜기
6. 브레드보드와 슬라이드 스위치로
   LED와 피에조 부저 켜기
7. 브레드보드와 가변 저항으로
   LED 밝기 조절하기
8. 조도 센서로 LED 밝기 조절하기
9. 슬라이드 스위치로 RGB LED
   색 바꾸기

1 ⚡ LED 1개 켜기

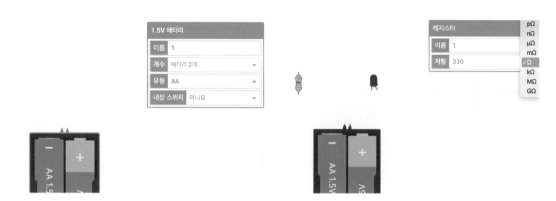

1.5V 배터리를 작업 화면으로 가져온 뒤 부품 추가 메뉴에서 배터리의 개수를 2개로 바꾸어 3V의 건전지로 만든다.

이어서 LED 하나와 저항을 가져오고 저항의 단위는 Ω, 저항값은 330으로 변경한다.

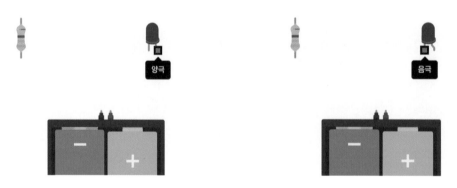

필요한 부품을 작업 화면으로 모두 가져왔다. 전선을 연결하기 전에 각 부품의 전선을 연결하는 점에 마우스 커서를 옮겨서 극을 확인한다.

LED의 (−)극과 저항의 끝을 연결하고, 저항의 반대편 끝과 건전지의 (−)극을 연결한다. 전선을 선택하고 키보드의 숫자 키 ①을 눌러 검은색으로 바꾼다.

LED의 (+)극과 건전지의 (+)극을 연결한다. 전선을 선택하고 키보드의 숫자 키 ②를 눌러 빨간색으로 바꾼다.

[시뮬레이션 시작]을 누른다. LED에 빛이 들어온다면 성공이다.

다음 작업부터는 전선을 최대한 직각으로 배치해보자.

2 푸시 버튼으로 LED 1개 켜기

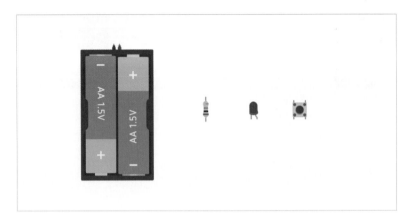

3V 건전지, 저항, LED, 푸시 버튼(누름 버튼)을 사용해 버튼을 눌렀을 때 LED가 켜지는 회로를 만들어 보자.

3 직렬로 LED 3개 켜기

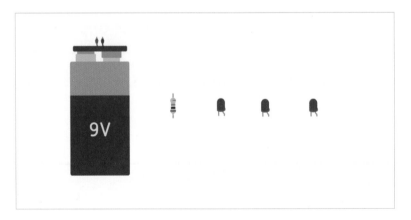

9V 건전지, 저항, 3개의 LED를 사용하는 직렬 회로를 만들어서 LED를 켜보자.
9V의 건전지를 사용한다면 저항값은 얼마일까?

4 병렬로 LED 3개 켜기

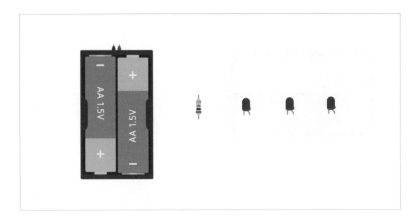

3V 건전지, 저항, 3개의 LED를 사용하는 병렬 회로를 만들어서 LED를 켜보자.
한 개의 저항은 어디에 연결해야 할까?

5 슬라이드 스위치와 병렬 연결로 LED 2개 켜기

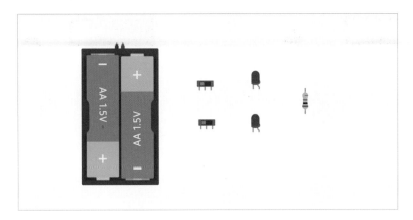

3V 건전지, 저항, 2개의 LED, 2개의 슬라이드 스위치를 사용하는 병렬 회로를 만들어서 스위치
로 LED를 켜고 꺼보자.

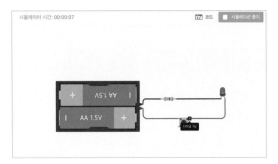

330Ω인 저항을 사용했다. 회로를 완성했다면 시뮬레이션으로 확인하자. [시뮬레이션 시작]을 누른 다음, 푸시 버튼을 클릭해야 LED에 빛이 들어온다. 마우스를 떼면 빛이 꺼져야 한다.

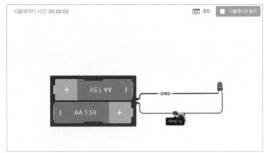

▲ 푸시 버튼을 잘못 연결하면 계속 빛이 난다

푸시 버튼에는 4개의 다리가 있다. [터미널 1a]와 [터미널 1b], [터미널 2a]와 [터미널 2b]는 짝으로 연결되어 있다. [터미널 1a]와 [터미널 1b]를 연결하면 스위치를 누르지 않아도 계속 빛이 들어온다.

저항은 (+), (−)극 상관없이 어느 곳에 연결 해도 된다.

3 직렬로 LED 3개 켜기

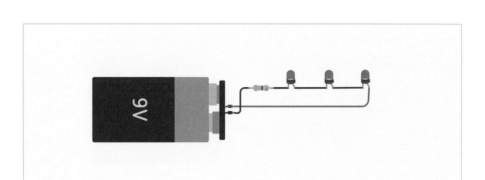

LED의 (+)극을 다른 LED의 (−)극과 연결하여 3개의 LED를 직렬로 연결한다. LED 한 개 당 10Ω 정도라고 가정하고, 저항을 330Ω으로 진행했다. [시뮬레이션 시작]을 눌러 3개의 LED에 빛이 들어오는 것을 확인하자.

저항이 없으면 어떻게 될까?
9V의 전압은 LED에게 너무 높기 때문에 저항없이 회로를 만들면 실제로 부품이 탄다. 서킷의 시뮬레이션에서도 위험하다고 메시지가 나온다.

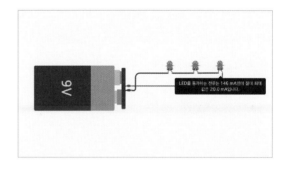

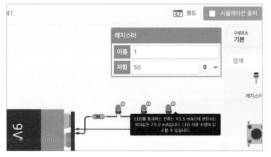

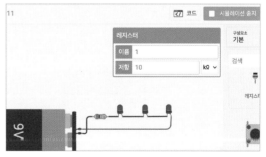

저항값을 바꿔가면서 시뮬레이션 해보자. 50Ω도 저항이 낮아서 LED의 수명이 감소할 수 있다는 메시지가 나온다. 10kΩ 저항은 LED의 빛이 너무 약하다.

4 병렬로 LED 3개 켜기

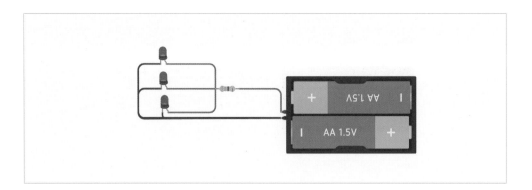

3개의 LED를 병렬로 연결했다. 병렬 연결은 전압이 일정하다. 건전지의 (+)극에서 나오는
회로가 나눠지기 전에 330Ω의 저항을 두었다.

저항을 건전지의 (−)극 앞에 두어도 회로는 같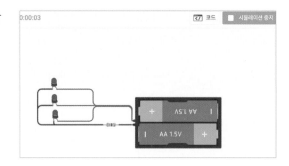
다. 3개의 LED에 빛이 들어온다.

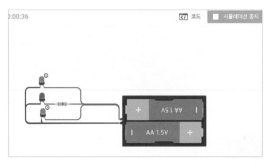
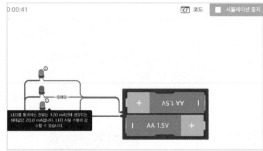

전선이 갈래로 나눠진 후에 저항을 연결하면 어떻게 될까? 저항이 연결된 LED에만 빛이 들
어오고 나머지 LED에는 경고 메시지가 나타난다. 전선이 합쳐진 다음에 저항을 배치하려면
갈래마다 저항을 사용해야 한다.

슬라이드 스위치와 병렬 연결로 LED 2개 켜기

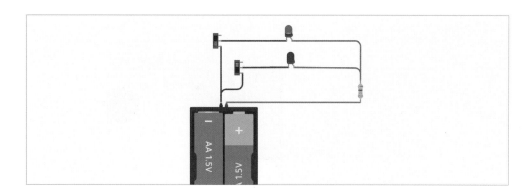

2개의 LED와 2개의 슬라이드 스위치를 병렬로 연결했다. [시뮬레이션 시작]을 누르고 슬라이드 스위치를 클릭해서 LED가 빛이 들어온 상태로 유지되는지 확인한다.

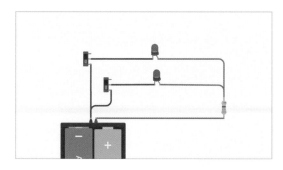 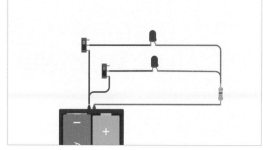

각각의 슬라이드 스위치로 2개의 LED를 모두 또는 하나씩 켜고 끌 수 있다. 건전지의 (+)극에서 나오는 회로가 병렬로 나눠지기 전에 330 Ω 의 저항을 두었다.

병렬 회로마다 저항을 연결해도 된다. 한 개의 LED를 켰을 때는 저항을 하나 사용한 회로와 밝기 차이가 없다. 2개의 LED를 켰을 때는 저항을 하나 사용한 회로보다 밝기가 어둡다.

</> 코드   ■ 시뮬레이션 중지

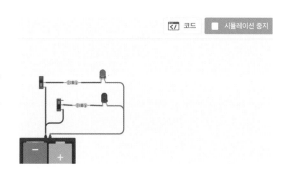

6 브레드보드와 슬라이드 스위치로 LED와 피에조 부저 켜기

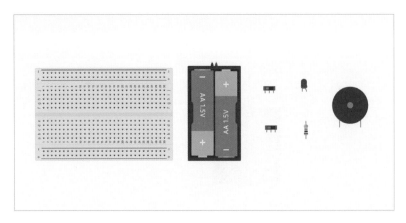

브레드보드, 3V 건전지, 가변 저항, LED, 2개의 슬라이드 스위치, 피에조 부저를 사용한다.
각각의 슬라이드 스위치로 LED와 피에조 부저를 연결해보자.

7 브레드보드와 가변 저항으로 LED 밝기 조절하기

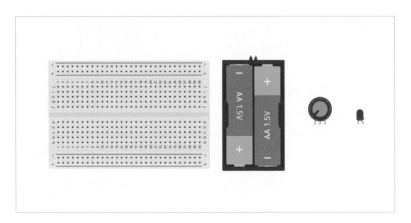

브레드보드, 3V 건전지, 가변 저항, LED를 사용한다.
가변 저항값의 변화에 따라 LED의 밝기가 변하는 회로를 만들어보자.

8 ⚡ 조도 센서로 LED 밝기 조절하기

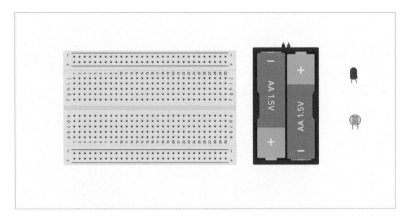

브레드보드, 3V 건전지, LED, 조도 센서(포토 레지스터)를 사용한다. 조도 센서는 빛의 양에 따라 저항값이 변하는 가변 저항과 같은 역할을 한다.
조도 센서의 변화에 따라 LED의 밝기가 변하는 회로를 만들어보자.

9 ⚡ 슬라이드 스위치로 RGB LED 색 바꾸기

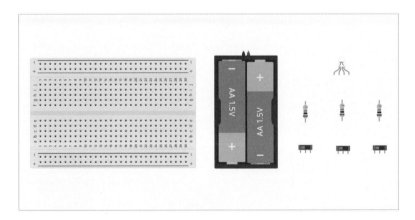

브레드보드, 3V 건전지, RGB LED, 3개의 슬라이드 스위치, 3개의 저항을 사용한다.
슬라이드 스위치를 이용해 색이 변하는 LED를 만들어보자.

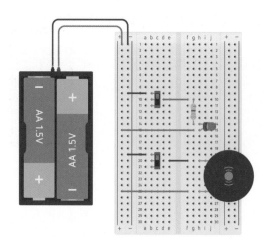

LED에는 330Ω의 저항을 사용했고, 피에조 부저에는 사용하지 않았다. [시뮬레이션 시작]을 누르면 띠띠- 피에조 부저 소리가 나야 한다. 브레드보드의 사용법은 118p에서 소개했다. 버스띠에는 건전지의 전원을 연결했고, 단자띠에는 부품을 연결했다.

단자띠의 핀은 하나로 연결되어 있기 때문에 각 전자부품의 다리가 서로 다른 단자띠에 연결되도록 배치해야 한다.

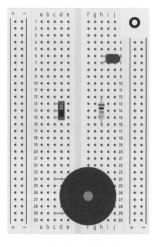

▲ 단자띠의 바른 사용

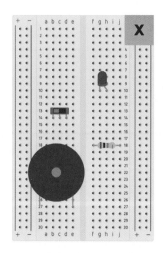

▲ 단자띠의 잘못된 사용

7 브레드보드와 가변 저항으로 LED 밝기 조절하기

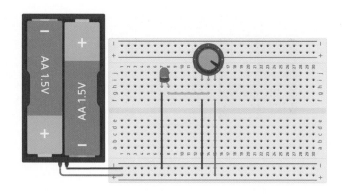

브레드보드에 건전지, LED, 가변 저항을 연결했다. 버스띠에 전원을 연결했고, LED의 (−)극과 가변 저항의 그라운드(GRN)를 건전지의 (−)극과 연결했다. LED의 (+)극은 가변 저항의 가운데 다리와 연결했다.

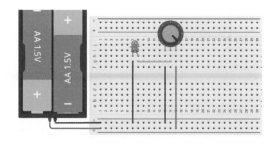 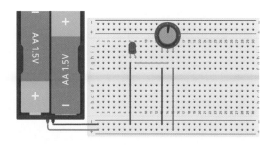

[시뮬레이션 시작]을 누르고 가변 저항을 조작해보자. 가변 저항을 오른쪽으로 돌리면 저항값이 작아져 LED에 과전류가 흐른다는 메시지가 나타나고, 왼쪽으로 돌리면 저항값이 높아져 LED가 어두워진다.

가변 저항의 최고 저항값을 설정할 수 있다. LED의 밝기를 미세하게 조정하고 싶다면, 최고 저항값을 낮게 설정하자.

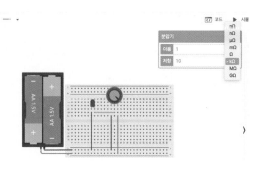

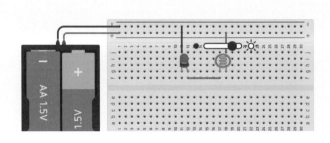

조도 센서는 저항처럼 극의 구분이 없다. 조도 센서의 한쪽 다리를 건전지의 (+)극에 연결했고, 다른 한쪽 다리는 LED의 (+)극에 연결했다.

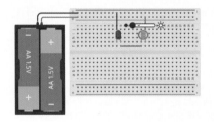 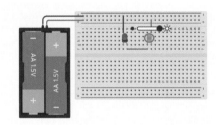

[시뮬레이션 시작]을 누르고 조도 센서를 클릭하면, 빛의 양을 조절하는 상태바가 나타난다. 빛이 강해질수록 조도 센서의 저항값이 낮아지며 LED는 밝아진다.

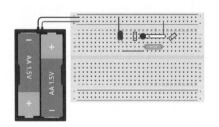 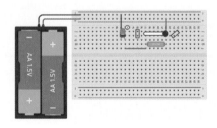

같은 회로에 조도 센서 대신 기울기 센서를 넣어 시뮬레이션 해보자. 메뉴 검색창에 [기울기 센서]를 검색하면 [SW200D] 센서가 나온다. 기울기 센서도 극을 구분하지 않으며, 기울기에 따라 회로가 연결되고 끊기는 스위치 같은 부품이다.

슬라이드 스위치로 RGB LED 색 바꾸기

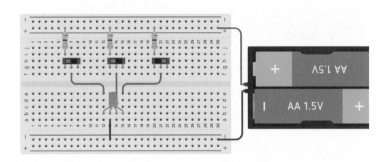

브레드보드에 3V 건전지, RGB LED, 3개의 슬라이드 스위치, 3개의 저항을 연결했다. 330Ω의 저항을 스위치마다 연결했다. 병렬 연결된 전선을 따로따로 조작할 것이기 때문에 3개의 저항을 사용한다.

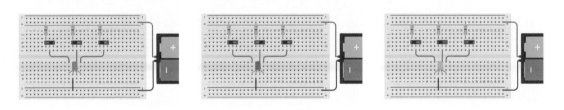

스위치마다 RGB LED에 다른 색을 켠다. 왼쪽: 빨간색, 가운데: 파란색, 오른쪽: 초록색이다.

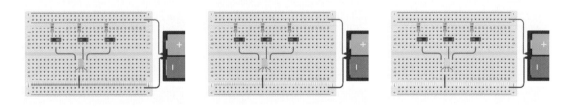

스위치를 동시에 연결해 색을 섞어보자. RGB LED의 빛의 색이 섞이면서 나타나는 색은 147p에서 소개했다. 모든 스위치를 다 연결하면 백색의 빛이 들어온다.

나도 만들 수 있는 작품

이제는 나만의 작품을 만들어 볼 차례이다. 작은 아이디어부터 시작하자. 아이디어를 낙서하듯 스케치하고, 활용할 재료와 도구를 생각해보자. 틴커캐드 서킷으로 시뮬레이션 해보고, 실제로도 만들어보자.

여기서는 4가지의 작품을 소개한다. 각 작품의 마지막에 작품을 발전시킬 수 있는 다양한 질문들을 넣어 두었다. 책을 넘어서는 다양한 나만의 작품이 나타나길 기대한다.

PART 04

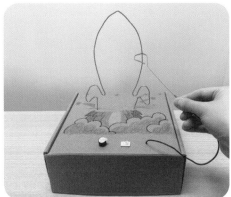

직접 해보기

재료는 어디서 구할까?
책에서 소개한 작품들의 재료를 구매할 수 있다.

https://bit.ly/MechaCircuit

▶ 메이커 LIVE

책에서 소개된 작품의 만드는 과정을 영상으로 만나보자.

https://bit.ly/2022MAKER

1 생각이 번쩍!

🔹 시작은 작은 아이디어부터

처음부터 새롭고 대단한 작품을 만들 필요는 없다. 작은 아이디어부터 출발하자.

일상에서 무언가 필요했던 순간을 떠올려보자. 구체적인 목적이 없어도 괜찮다. 단순히 재미만을 위한 것이어도 좋다. 친구들과 이것저것 이야기를 나눠보자.

'나도 한번 만들어볼까?'라는 생각이 스쳐 지나갈 것이다.

🔹 스케치와 기록

생각을 구체화하는 좋은 방법은 그림으로 그려보는 것이다. 연습장에 낙서하듯 편하게 그려보자. 기호와 글을 함께 적어도 좋다.

어느 정도 아이디어가 정리되면 새 종이에 반듯하게 그린다. 대략적인 크기와 만들 때 사용하는 재료를 적어본다.

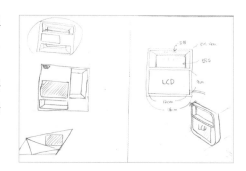

시작할 때 그리는 스케치뿐만 아니라 과정을 사진, 글 등으로 기록하자. 결과물이 나오는 과정에서 시도한 방법, 잘된 점 등을 남긴다. 기록은 문제 상황에 직면했을 때 돌아보며 성찰하고 다시 도전해볼 마음의 힘과 해결의 단서를 줄 수 있다. 또한 다른 사람들에게 나의 작품을 소개할 때에도 활용할 수 있다.

2 ⚡ 어떻게 만들까?

⚡ 필요한 부품과 재료 생각하기

회로는 여러가지 전자부품들이 연결되어 동작하는 장치를 말한다. 전자부품을 사용하여 빛나거나 움직이는 작품을 만들기 위해서는 사용되는 전자부품을 정하고, 회로의 연결 방법을 생각하며 회로도를 그려본다.

사용할 재료도 함께 생각한다. 재료의 크기, 무게, 촉감, 유연성, 가격 등의 특징을 고려한다. 같은 회로를 사용하더라도 선택된 재료에 따라 완전히 다른 작품이 될 수 있다.

⚡ 틴커캐드 서킷과 브레드보드로 회로 테스트

회로가 잘 작동하는지 테스트 해보자. 아직 전자부품이 없다면 틴커캐드 서킷을 이용하여 회로를 시험한다. 만드는 과정에서 재료나 부품이 망가질 수도 있으므로 여분의 부품을 2~3개 정도 더 준비하면 좋다.

전자부품을 모두 준비했다면 브레드보드에 회로를 테스트한다. 실제 상황은 서킷의 결과와 다를 수 있다. 작업을 완료한 후에는 수정하기 어렵기 때문에 작품에 넣기 전에 회로를 확인해 보아야 한다. 부품에 문제가 없고, 의도대로 작동하는지 확인한다. 이상이 없다면 확인된 부품과 회로를 작품에 넣는다.

3 회로와 재료를 하나로

도구의 안전한 사용

만들기를 하는 과정에서는 칼, 가위, 글루건, 인두기 등 다양한 도구를 함께 사용한다. 도구는 사용목적과 올바른 자세가 정해져 있다. 사용법을 잘모른다면 주변 사람들에게 도움을 청해 먼저 배우고 사용한다.

도구를 안전하게 사용하기 위해서는 주변 정리가잘 되어 있어야 한다. 특히 뜨거운 열을 사용하는인두기를 사용할 때는 별도의 공간을 마련해 사용한다.

실패하면 계획을 수정하면서

어떤 재료를 먼저 자르고 붙일지, 회로는 언제 연결할지, 만들기 순서를 미리 생각하고 순차적으로진행한다.

처음 만드는 작품이기 때문에 과정 중에 예상치못한 문제를 만날 수 있다. 생각보다 잘 고정되지않거나 재료가 너무 약할 수도 있고, 예상보다 크기가 작을 수도 있다.

처음 생각했던 계획과 다르게 중간에 바뀌어도 괜찮다. 대신 기록을 하고 다른 방향으로 시도해보자. 재료를 바꾸거나 형상을 수정할 수도 있다. 여러 차례의 시도를 통해 작품을 만들어보자.

4 나만의 작품으로

나를 성장시키기

만든 작품이 엉성하고 부족해보여도 괜찮다. 누구나 처음부터 만족하긴 쉽지 않다. 첫 시도를 했다는 것이 중요하다. 이제 더 발전시킬 수 있는 방향과 모습이 보일 것이다. 아래의 질문을 읽어보며 생각해보자.

질문을 보며 떠올린 생각을 친구들과 공유해보자. 의견을 나누다 보면 미처 생각하지 못했던 새로운 아이디어를 얻을 수도 있다.

만든 과정을 돌이켜보자

1. 처음 생각한 모습과 같나요? 어떤 이유로 수정했나요?
2. 넣은 부품 모두가 기능대로 잘 작동하나요?
3. 만들면서 맞닥뜨린 문제는 무엇이었나요? 어떻게 해결했나요?
4. 가장 기억에 남는 순간은 언제인가요?

한단계 발전시키기

1. 추가로 사용하고 싶은 재료나 바꾸고 싶은 재료가 있나요?
2. 더하고 싶은 기능이나 빼고 싶은 기능이 있나요?
3. 외관을 더 꾸미는 방법은 없을까요?
4. 새로운 작품을 위한 아이디어가 있나요?

막연한 생각과 만들기는 다르다. 그래서 생각대로 만들어지지 않는다. 생각에서 멈추지 않고 만들기를 통해 구체화 해보는 것이 중요하다. 만드는 과정과 만든 후의 느낀 점을 잘 기록해두자. 고민한 만큼 조금 더 발전하는 모습을 만날 수 있을 것이다.

▲ 두 달간 수많은 시도 끝에 완성한
스마트 램프 작품

빛나는 마술 지팡이

마술 지팡이 끝에서 빛이 번쩍 나면 신비하고 놀라운 일들이 일어난다.
마술을 부릴 수 있을 것 같은 멋진 지팡이가 있다면 어떨까?

스위치로 LED를 켜는 간단한 회로를 활용하여 지팡이 끝에서 빛이 나는
마술 지팡이를 만들어보자.

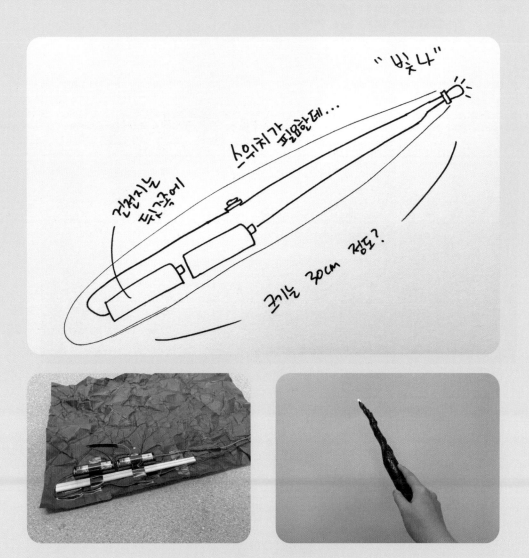

1 ⚡ 생각이 번쩍!

이제 한 달 앞으로 다가온 학교 축제. 우리 반에서는 마법사가 나오는 연극 무대를 선보이려한다. 연극에 필요한 소품을 준비해야 한다. 마법사가 주문을 외울 때만 끝부분이 밝게 빛나는 지팡이가 필요한데, 마음에 드는 디자인을 구하기가 쉽지 않다. 직접 만들어 볼까?

활동 ON

▶ 직렬 회로 만들기
≫ LED에 필요한 저항 고르기
▶ 푸시 버튼 사용하기
≫ 회로의 모양 고민하기

난이도 : ★☆☆
예상시간 : 1시간+

2 ⚡ 어떻게 만들까?

⚡ 아이디어 스케치

만들기 전에 아이디어를 그림으로 간단하게 표현해보자.
종이에 대략적인 형태와 구조, 크기 등을 생각하며 그린다.

전체적인 모양은 끝으로 갈수록 얇아지는 길쭉
한 막대기다. 지팡이 끝에 LED를 두고, 보이지
않는 안쪽에는 건전지와 전자부품(회로)을 넣으
면 좋을 것 같다. 건전지는 두툼하니까 손잡이
부분에 둘 것이다. 너무 짧으면 멋이 없을 것 같
고, 너무 길면 이상할 것 같아서 30cm 정도로
만들어야겠다.

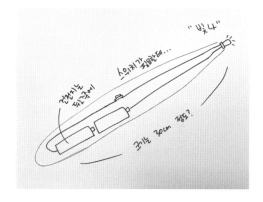

⚡ 어떤 재료를 사용할까?

간단한 아이디어 스케치가 끝났다면 이제는 어떤 재료를 사용해서 만들지 고민해보자.

외형은 무엇으로 할까? 나무를 이용해 진짜 지
팡이처럼 만들고 싶지만, 지금 배워서 만들기는
시간이 부족하다. 쉽게 구할 수 있는 종이를 사
용해보자.

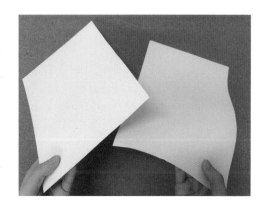

종이의 종류도 정말 많다. 세로가 30cm보다 길
면서 나무 느낌이 나는 종이와 색을 선택하려 한
다. 연극 중에 지팡이가 휘어지면 안 되니까 뼈
대 역할로 나무젓가락을 넣어볼까?

3 ⚡ 전자 회로 구성과 테스트

⚡ 회로 구성

어떤 전자 부품을 사용할지, 어떻게 연결하여 회로를 만들지 생각해보자.

지팡이 끝부분에서 LED가 빛나야 한다. 전원은 들고 다닐 수 있는 건전지를 사용한다. 길쭉한 지팡이 안에 보이지 않게 넣기 위해 AA 건전지를 사용한다. 마법을 쓸 때만 LED가 켜지고 쉽게 끌 수 있게 만들자. 누를 때만 전기가 통하는 푸시 버튼을 사용하자.

빛을 내기 위해 필요한 회로의 회로도를 그려보자. 건전지, LED, 푸시 버튼, 저항이 필요하다. LED를 한 개만 사용하기 때문에 모든 부품을 직렬로 연결한다.

LED는 무슨 색으로 할까? 색에 따라 필요한 저항 값이 다르다고 했는데, 몇 Ω의 저항이 필요할까?

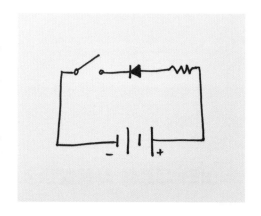

⚡ 틴커캐드 서킷

틴커캐드 서킷으로 회로를 만들어 시뮬레이션 해보자. 회로가 잘 작동하는지 확인하며 필요한 전자부품을 확정한다.

오른쪽 페이지의 완성된 회로를 보기 전에 먼저 직접 만들어보자.
사용할 부품들을 작업 화면으로 꺼낸다. AA 건전지 2개, LED 1개, 막대 저항 1개, 푸시 버튼 스위치 1개를 가져온다.

푸시 버튼은 다리가 4개이다. 어떻게 연결해야 할까? 저항은 몇 Ω이 필요할까?

AA 건전지를 직렬로 연결한다. LED는 흰색으로 결정해서 저항을 230Ω으로 설정했다. 건전지의 (+)극과 저항, 저항과 LED의 (+)극, LED의 (−)극과 푸시 버튼을 연결한다. 마지막으로 건전지의 (−)극을 푸시 버튼과 연결하고 시뮬레이션을 시작하자.

푸시 버튼을 누를 때만 빛이 잘 들어온다면, 사용된 전자부품과 개수를 확인한다.

⚡ 재료와 도구 준비

이제 필요한 부품과 재료, 각종 도구까지 준비한다. 책과 똑같은 것을 사용하지 않아도 된다. 내가 만드는 빛나는 지팡이에는 어떤 재료와 도구가 필요할까?

작품에 사용된 부품

AA 건전지 홀더(1개용) 2개
AA 건전지 2개
백색 LED 1개
푸시 버튼 1개
점퍼선(FF) 3개

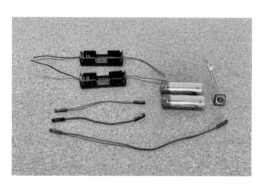

작품에 사용된 도구와 재료

검은색 8절 도화지
나무젓가락, 풀, 가위,
비닐테이프, 절연테이프,
원형 펀치(선택)

만들기

여기서는 납땜을 하지 않고 점퍼선을 활용해서 회로를 연결한다. 브레드보드로 테스트하고 싶다면 브레드보드와 점퍼선이 추가적으로 필요하다. 단단히 고정하기 위해 글루건을 사용해도 좋다.

⚡ 브레드보드에서 회로 테스트

건전지 홀더 연결

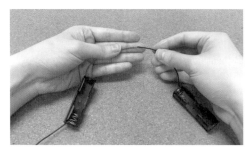

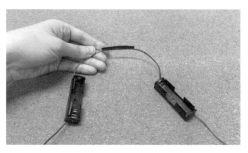

1. 서로 다른 AA 건전지 홀더의 (+)와 (−)극을 꼬아서 직렬로 연결한다.

2. 연결한 부분을 절연테이프로 감싼다.

브레드보드에 부품 연결

1. 직렬 연결한 건전지 홀더의 (+)전선은 브레드보드의 버스띠 빨간선 핀에, (−)전선은 버스띠 파란선 핀에 꽂는다.

2. LED의 (+)와 (−)극을 구분해 브레드보드의 원하는 위치에 꽂는다.

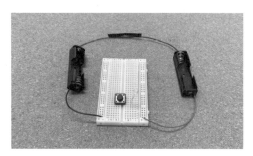

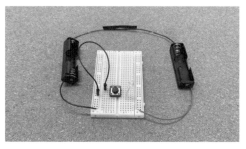

3. LED의 (−)극 다리를 꽂은 단자띠에 푸시 버튼의 한쪽 다리를 연결한다.

4. 점퍼선을 이용하여 푸시 버튼의 나머지 다리와 건전지 홀더의 (−)극을 연결한다.

5. LED의 (+)극 다리와 건전지 홀더의 (+)극이 연결   6. 모든 부품을 연결한 다음 건전지를 홀더에 넣는다.
   되도록 220Ω 저항을 꽂는다.

▌ 저항을 사용할까? 말까?

푸시 버튼을 눌러 LED가 잘 들어오는지 확인한다.
빛이 들어오면 전자부품에도 이상이 없고 회로도 잘
연결한 것이다.

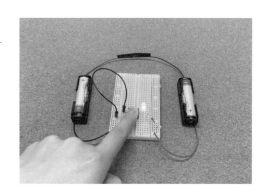

저항을 제거하고 그 자리에 점퍼선을 연결한 뒤 LED
를 켜보니 빛이 훨씬 밝다. 백색 LED는 3V 건전지에
연결했을 때 저항 없이도 잘 켜진다. 지팡이에 밝은
빛을 사용하기 위해 지항을 사용하지 않고 만들기로
한다.

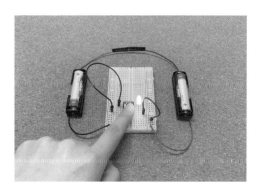

❶ 지팡이 종이 준비하기

01 검정색 8절 도화지를 준비한다.

02 검정색 도화지를 자유롭게 구긴다.
단, 종이가 찢어지지 않게 주의한다.

03 종이를 펼치면 자연스러운 주름을 볼 수 있다.

04 종이를 가로로 길게 놓고, 왼쪽 끝에서 살짝 떨어진 곳에다 나무젓가락을 테이프로 고정한다.

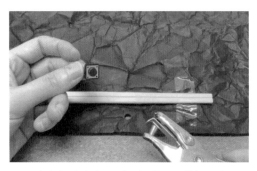

05 펀치가 있다면, 푸시 버튼을 고정할 종이 부분에 구멍을 뚫어준다.

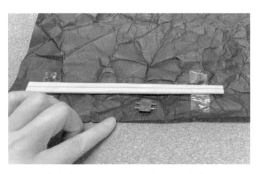

06 비닐테이프로 고정해도 되지만, 테이프로 푸시 버튼의 다리를 가리지 않는다.

② **LED 연결과 고정**

01 납땜 대신 점퍼선(FF)을 사용한다.

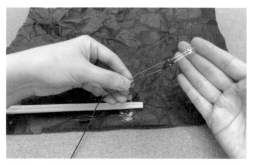

02 LED의 (+)극에는 빨간색, (−)극에는 검은색 점
퍼선을 연결한다(색은 구분의 용도일 뿐이다).

03 종이 오른쪽 끝에 LED가 튀어 나오도록 자리를
잡는다.

04 절연테이프로 LED의 (+)극의 다리와 빨간색 점
퍼선을 함께 감싸고 종이에 붙인다.

05 LED의 두 다리가 서로 닿지 않아야 한다.

06 나머지 LED의 (−)극 다리와 검은색 점퍼선을
절연테이프로 종이에 고정한다.

③ 푸시 버튼과 전원 연결

01 LED의 (−)극 다리와 연결된 점퍼선을 푸시 버튼에 연결한다.

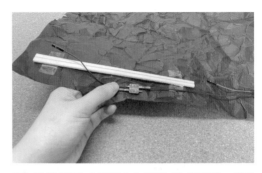

02 푸시 버튼 스위치를 눌렀을 때 연결되는 반대쪽 다리에 점퍼선을 연결한다.

03 푸시 버튼과 점퍼선이 움직이지 않도록 절연테이프로 고정한다.

04 푸시 버튼에서 점퍼선이 빠지지 않게 고정한다. 글루건을 추가로 사용해도 좋다.

05 나무젓가락 옆에 AA 건전지 홀더의 위치를 잡는다. 두 건전지 홀더는 앞에서 연결한 상태이다.

06 건전지 홀더의 (+)극에 연결된 전선과 LED의 (+)극과 다리를 이은 점퍼선을 연결한다.

07 건전지 홀더의 (−)극에 연결된 전선과 푸시 버튼을 연결한다.

08 연결 부위를 절연테이프로 고정한다.

09 홀더에 건전지를 넣는다.
스위치를 눌러 LED가 잘 작동하는지 확인한다.

10 절연테이프로 건전지의 위치를 고정한다.
글루건을 추가로 사용해도 좋다.

④ 지팡이 만들기

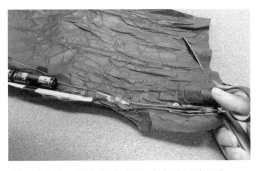

01 지팡이의 앞 부분을 삐죽하게 만들어보자.

02 앞 부분의 종이를 비스듬하게 잘라준다.

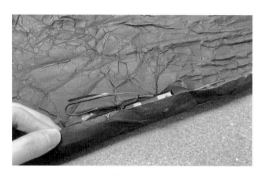

03 전자부품이 있는 쪽부터 천천히 종이를 말아준다.

04 종이를 너무 세게 말면, 푸시 버튼이 눌린 상태로 고정될 수 있으니 주의한다.

05 비닐테이프로 종이가 풀리지 않게 고정한다.

06 지팡이 밑에 남은 종이는 안쪽으로 집어 넣는다.

07 종이를 구겨 지팡이 모양으로 만든다.
너무 세게는 구부리지 말자.

08 목공풀을 사용해 종이가 풀리지 않게 고정한다.

종이의 형태를 고정하고 싶다면 목공풀을 사용하자. 지팡이 몸통에 전체적으로 발라주고 모양을 잡은 뒤 말린다. 그러면 형태가 단단하면서도 표면에 광이 난다.

⚡ 어떻게 바꿔볼까?

연극에서 사용할 마법사의 빛나는 지팡이를 만들어보았다. 마법사마다 지팡이의 모양이 다르고 빛의 색도 다르다면 어떨까? 스마트폰 카메라로 노출 시간을 오래주어 지팡이로 그림을 그리는 사진도 재미 삼아 찍어보자.

나만의 작품으로 ON

어떻게 하면 더 멋진 연극 소품을 만들어 볼 수 있을까?
아래의 질문을 통해 아이디어를 발전시키고 더 멋진 작품을 만들어보자.

> ▶ 종이가 아닌 다른 재료를 사용한다면 무엇이 좋을까?
> ▷ 지팡이의 길이를 더 길게 하면 좋을까?
> ▶ 빛의 색을 바꾸려면 저항이 필요할까?
> ▷ 지팡이의 몸통 전체가 빛나게 만들 수 있을까?

삐이- 미로

미션!
선을 건드리지 말고 빠른 시간 안에 미로를 통과하라!
미로에 닿으면 삐이- 탈락!

빠르게 통과 할 수 있는 미로부터, 살금 살금 조심히 통과해야 하는 미로
까지! 구리선과 피에조 부저를 사용해서 미로 게임을 만들어보자.

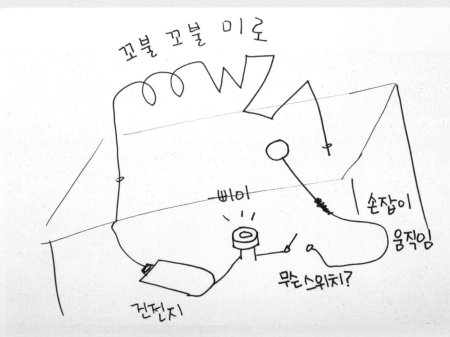

꼬불 꼬불 미로

삐이

손잡이

움직임

무슨 스위치?

건전지

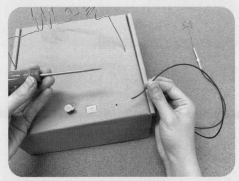

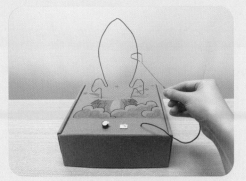

1 ⚡ 생각이 번쩍!

영화에서 자주 나오는 레이저로 된 미로를 통과하는 모습은 상상만 해도 짜릿하다. 요리조리 피하며 빠져나가는 미로 게임을 만들어보면 어떨까?

레이저에 닿지 않는 것이 중요한 것처럼, 미로 게임도 미로를 건드리지 않고 빠져나가야 하는 게임이다. 그래서 미로에 닿았을 때 알려주는 어떤 신호가 필요하다. 삐이- 소리가 나는 피에조 부저를 사용해보자.

활동 ON

▶ 전선 피복을 벗겨 미로 만들기
▷ 직렬 회로 만들기
▶ 로커 스위치와 피에조 부저 사용하기

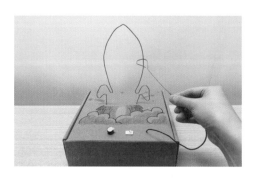

난이도 : ★★☆
예상시간 : 2시간+

2   어떻게 만들까?

아이디어 스케치

만들기 전에 아이디어를 그림으로 간단하게 표현해보자.
종이에 대략적인 형태와 구조, 크기 등을 생각하며 그린다.

금속선으로 꼬불꼬불한 미로를 만든다. 금속선으
로 만든 손잡이가 미로에 닿지 않으며 지나가야
한다. 미로와 손잡이는 하나의 회로다. 그래서 미
로와 회로가 닿으면 전류가 흘러 삐이— 하고 소
리가 난다. 건전지의 (+)극에는 미로를 연결하
고, 건전지의 (−)극에는 피에조 부저, 로커 스위
치, 미로를 통과해야 하는 손잡이를 연결한다.

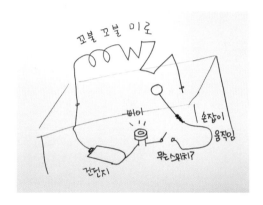

어떤 재료를 사용할까?

간단한 아이디어 스케치가 끝났다면 이제는 어떤 재료를 사용해서 만들지 고민해보자.

미로는 정해진 위치에 고정되어 있지만, 손잡이
는 자유롭게 움직일 수 있어야 한다. 전선이 밖
으로 튀어나와 있으면 게임을 할 때 불편하다.
상자를 사용해 미로를 고정하면서 나머지 전선
을 안으로 집어넣자. 주변의 택배 상자나 물건을
담았던 상자를 사용한다.

3 전자 회로 구성과 테스트

회로 구성

어떤 전자 부품을 사용할지, 어떻게 연결하여 회로를 만들지 생각해보자.

손잡이가 미로에 닿으면 전기가 흘러 삐이- 소리가 나야 한다. 미로를 언제 건드릴지 모르기 때문에 스위치는 전원과 항상 연결되어 있어야 한다. 전원의 연결 상태를 유지할 수 있는 로커 스위치를 사용하자.

우선 스위치를 켜면 피에조 부저에서 소리가 나는 회로도를 그려보자. 건전지, 로커 스위치, 피에조 부저를 직렬 연결한다.

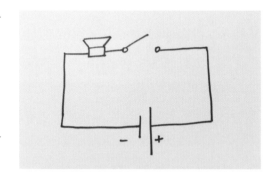

회로도의 전선은 간단하게 직각으로 그린다. 실제 작품에서는 전선을 미로처럼 구불구불하게 만들 예정이다.

틴커캐드 서킷

틴커캐드 서킷으로 회로를 만들어 시뮬레이션 해보자. 회로가 잘 작동하는지 확인하며 필요한 전자부품을 확정한다.

오른쪽 페이지의 완성된 회로를 보기 전에 먼저 직접 만들어보자.
사용할 전자부품들을 작업 화면으로 꺼낸다. AA 건전지 2개, 피에조 부저 1개, 로커 스위치를 대신할 슬라이드 스위치 1개를 가져온다.

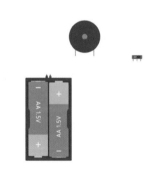

슬라이드 스위치는 다리가 3개이다. 어떻게 연결해야 할까?
피에조 부저는 (+)와 (−)극을 구분해야 할까?

3V 건전지와 사용할 때는 저항 없이 피에조 부저를 사용할 수 있으며, (+)와 (−)극을 구분해서 연결해야 한다. 건전지의 (+)극과 슬라이드 스위치의 가운데 다리를 연결한다. 스위치의 다른 다리와 부저의 (+)극을 연결하고, 부저의 (−)극을 건전지의 (−)극과 연결한다.

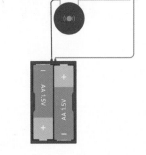

시뮬레이션하면 컴퓨터에서 띠띠띠− 소리가 들린다.

⚡ 재료와 도구 준비

이제 필요한 부품과 재료, 각종 도구까지 준비한다. 책과 똑같은 것을 사용하지 않아도 된다. 내가 만드는 미로 게임에는 어떤 재료와 도구가 필요할까?

작품에 사용된 부품

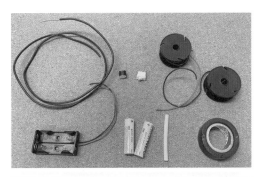

AA 건전지 홀더(2개용) 1개
AA 건전지 2개
피에조 부저 1개, 로커 스위치 1개
구리 단선(두께 1.38mm, 길이 약 1m)
전선(연선), 절연테이프
수축 튜브(선택사항)

작품에 사용된 도구와 재료

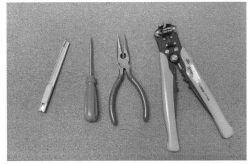

커터칼
송곳
롱노즈 플라이어
이지 스트리퍼
상자

🖐 만들기

단단히 고정하기 위해 글루건을 사용할 수도 있다. 더 많은 재료와 도구를 사용해 꾸며도 좋다.

4 회로와 재료를 하나로

① 미로 구리 선 준비하기

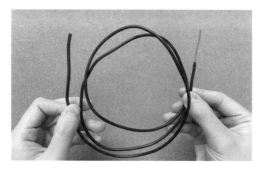

01 두께 1.2mm 내외의 절연 구리 단선을 약 1m 정
도 준비한다.

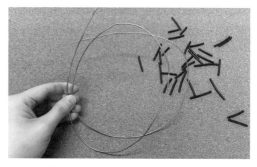

02 피복을 모두 벗기고 안에 있는 구리선만 사용
한다.

🤙 만들기

에나멜선은 피복하기 어려우니 구리 단선을 사용하자.
피복하는 도구와 다양한 방법은 96p에서 소개한다.

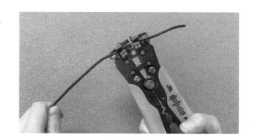

---

② 미로 통과하는 손잡이 만들기

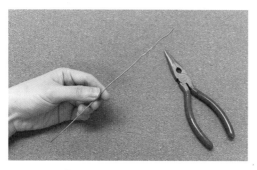

01 구리선을 약 20cm로 자른다. 롱노즈 플라이어
를 사용해 손잡이를 만든다.

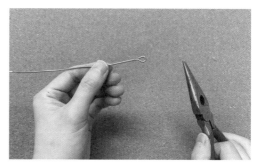

02 롱노즈 플라이어로 손잡이의 한쪽 끝부분을 작
은 동그라미 모양으로 구부린다.

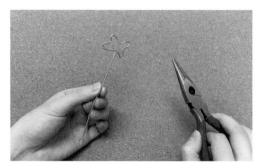

03 반대쪽은 원하는 모양으로 구부린다.

04 손잡이 끝에 연결할 전선(연선)을 30cm 정도 준비한다. 전선 끝에 피복이 조금 벗겨져 있다.

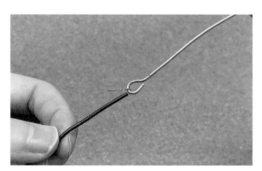

05 전선의 피복을 벗긴 부분을 갈고리 모양으로 만들어 손잡이에 걸어준다.

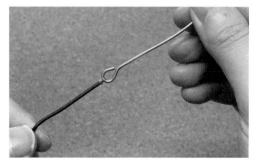

06 전선의 끝을 돌돌 감아서 손잡이에서 빠지지 않게 고정한다.

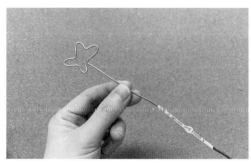

07 손잡이와 전선의 연결 부분에 수축 튜브를 끼우고 열을 가해 고정한다.

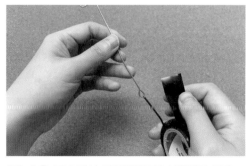

08 수축 튜브 대신 절연테이프를 사용해도 좋다.

③ 미로 만들기

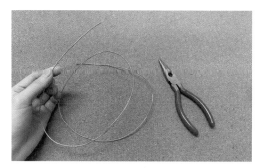

01 남은 구리선으로 미로를 만든다.

02 롱노즈 플라이어를 이용해 지그재그로 구부린다.

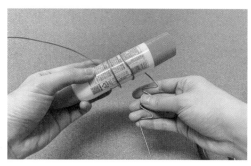

03 주변 사물을 사용해 동그랗게 말아도 좋다.

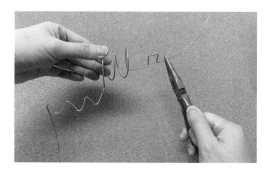

04 자유롭게 구부려서 미로를 만든다.

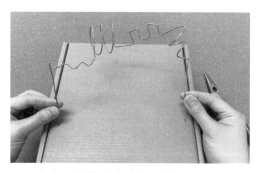

05 미로는 사용할 상자 안에 들어올 수 있는 크기로 만든다.

06 상자에 미로의 양쪽 끝부분이 들어갈 구멍만 만든다. 미로는 전자부품을 연결한 다음 상자에 고정한다.

⊕ 회로 전체 한눈에 미리보기

부품을 연결해 회로를 만든다.
건전지의 (+)극과 구리선 미로의 한쪽 끝을 연
결한다. 건전지의 (–)극은 부저의 (–)극과 연결
하고, 순차적으로 스위치와 손잡이의 한쪽 끝과
연결한다.

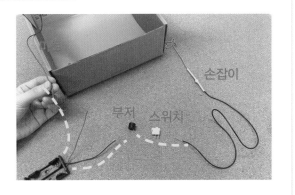

④ 스위치와 전원 연결

01 부저의 위치를 잡고 꾹 눌러 상자에 꽂는다.

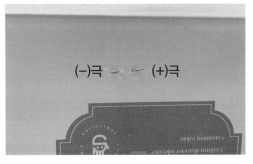

02 상자 뒤편에서 본 모습이다. 부저의 다리를 양
쪽으로 벌려 상자에서 빠지지 않도록 한다.

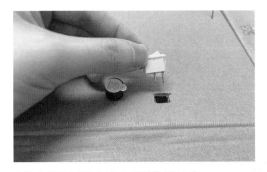

03 스위치 자리에 칼로 구멍을 만든다.
구멍은 스위치보다 조금 작게 뚫는다.

04 스위치를 잡고 눌러서 상자에 꽂는다.
고정된 스위치와 부저가 보인다.

05 스위치의 한쪽 다리에 전선을 연결한다.

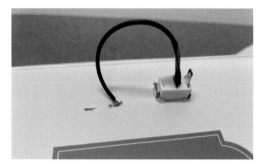

06 절연테이프로 스위치와 전선을 고정한 다음, 전선의 반대쪽을 부저의 (+)극 다리와 연결한다.

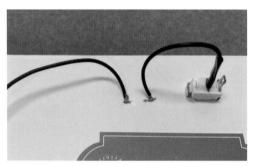

07 부저의 (−)극 다리에 전선을 연결한다.
이 선은 나중에 건전지의 (−)극과 연결된다.

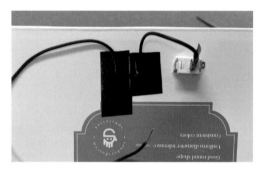

08 연결된 전선은 빠지지 않게 절연테이프로 고정한다.

⑤ 미로 연결하고 고정하기

01 미로 만들기 단계에서 상자에 뚫은 구멍에 미로의 한쪽 끝이 조금 보이도록 꽂는다.

02 롱노즈 플라이어로 미로가 빠지지 않게 끝을 구부려준다.

03 미로의 한쪽 끝에 피복한 전선(연선) 약 20cm 를 연결한다.

04 전선이 빠지지 않게 꼬아서 고정한다.

05 절연테이프를 붙여준다.

06 연결된 전선도 빠지지 않고, 미로도 고정된다.

07 미로의 반대쪽도 상자에 꽂아준 다음, 끝을 구 부리고 절연테이프를 붙인다. 전선은 미로의 한 쪽에만 연결하면 된다. 미로를 단단하게 고정하 고 싶다면 글루건을 추가로 사용해도 좋다.

⑥ 전원과 손잡이 전선 연결하기

01 건전지의 (+)극은 미로의 끝에 연결된 전선에, 건전지의 (−)극은 부저의 (−)극에 연결한다.

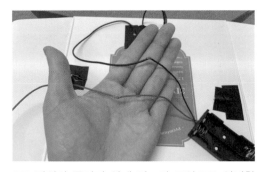

02 전선이 풀리지 않게 갈고리 모양으로 연결한 다음 꼬아준다.

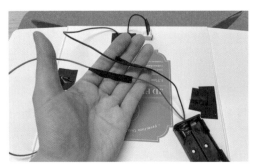

03 연결된 전선을 절연테이프로 감싸 단단히 연결한다.

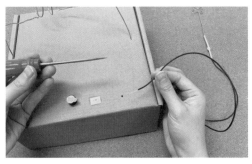

04 상자에 손잡이와 연결된 전선이 들어올 구멍을 한 개 뚫어준다.

05 손잡이에 연결된 전선을 방금 뚫은 구멍으로 넣은 뒤 스위치의 남은 다리에 연결한다.

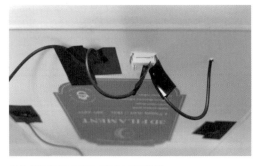

06 절연테이프를 붙여 고정한다.

07 모든 회로의 연결이 완료되었다.
건전지를 넣고 전원을 킨다. 손잡이를 구리 미로에 갖다 대면 삐이- 소리가 난다.

어떻게 바꿔볼까?

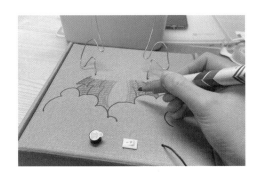 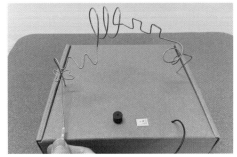

상자 주변을 재미있게 꾸미고 친구와 함께 게임을 해보자. 시작 지점에 손잡이를 끼우고 스위치를 켠다. 친구와 번갈아가며 미로를 통과해보자. 부저가 가장 적게 울린 사람은 누굴까?

나만의 작품으로 ON

미로 게임의 난이도를 조절할 수 있을까?
아래의 질문으로 아이디어를 발전시켜 더 멋진 작품을 만들어보자.

▶ 미로의 진행 방향이 더 급하게 꺾이면 어떨까?
≫ 미로를 통과하는 손잡이가 어떤 모양일 때 더 어려울까?
▶ 미로 중간에 절연테이프를 붙여 쉬어가는 구간을 만들까?
≫ 미로를 건드렸을 때 부저 말고 다른 방법으로 알려줄 수 있을까?

빛나는 자판기 카드

나의 소중한 마음을 전하고 싶을 때, 정성 들여 손으로 쓴 카드만큼 확실한 방법은 없다. 카드에 숨은 메시지와 밝게 빛나는 LED까지 있다면 받는 사람이 내 마음을 모두 알아주지 않을까?

구리테이프와 LED를 활용해서 전달하고 싶은 반짝이는 마음을 담은 특별한 카드를 만들어보자.

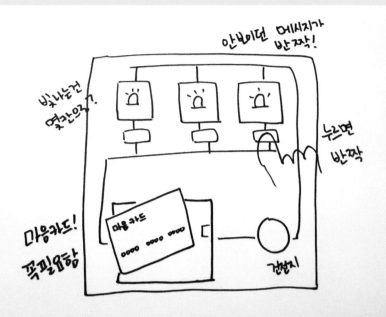

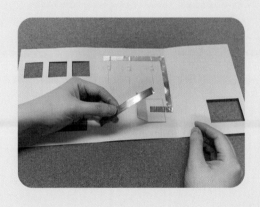

1 ⚡ 생각이 번쩍!

특별한 날 특별한 사람에게 조금은 색다른 빛이 나는 카드를 선물하고 싶다.
재미있는 동작을 하면 숨겨진 메시지가 나타나는 카드는 어떨까?

자판기를 이용할 때 신용카드를 대는 모습에서 아이디어를 얻었다. 그냥 빛나는 카드가 아니
라 '마음 카드'를 함께 사용해야 빛날 수 있는 카드를 만들어보자.

활동 ON

▶ 병렬 회로 만들기
≫ 전선 대신 구리테이프 사용하기
▶ 종이로 스위치 만들기

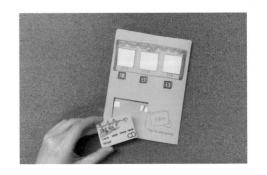

난이도 : ★★☆
예상시간 : 2시간+

2 ⚡ 어떻게 만들까?

⚡ 아이디어 스케치

만들기 전에 아이디어를 그림으로 간단하게 표현해보자.
종이에 대략적인 형태와 구조, 크기 등을 생각하며 그린다.

크리스마스나 새해에 많이 사용되는 크기의 카드를 만들려고 한다. 회로는 겉에서 보이지 않도록 종이를 접어서 가릴 예정이다. 종이 스위치를 누르면 LED에 빛이 들어오면서 보이지 않던 메시지가 나타난다. '마음 카드'는 끊어진 회로를 이어주는 역할을 하는 카드 모양의 종이다. 이 종이를 카드에 대야 빛이 들어온다.

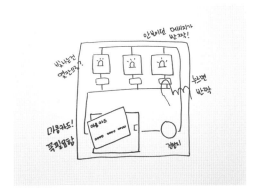

⚡ 어떤 재료를 사용할까?

간단한 아이디어 스케치가 끝났다면 이제는 어떤 재료를 사용해서 만들지 고민해보자.

알록달록한 종이로 카드를 만들고 싶다. 전선을 사용하면 카드를 접기도 힘들고 보기에도 좋지 않을 것이다. 그래서 쉽게 회로를 만들 수 있으면서 종이에 잘 붙는 구리테이프를 사용해 보려고 한다.

구리테이프를 전선 대신 사용할 때는 테이프를 자르지 않고 이어서 붙여야 한다. 접착제가 붙은 면은 전류가 잘 통하지 않으니 접착제가 없는 윗면에 전자부품이 닿아야 연결된다.

구리테이프의 잘린 면이 날카로울 수 있으니 주의한다.

3 ⚡ 전자 회로 구성과 테스트

⚡ 회로 구성

어떤 전자부품을 사용할지, 어떻게 연결하여 회로를 만들지 생각해보자.

스위치를 누를 때만 LED에 빛이 들어오는 회로를 만들어보자. 여기서 스위치는 푸시 버튼과 똑같은 역할을 한다. 실제 작품에서는 종이로 만들 예정이다.

LED 3개와 3V 건전지 1개를 사용한다. 스위치와
연결된 LED만 빛이 나도록 병렬로 회로를 만든
다. 스위치를 한꺼번에 누르면 여러 개의 LED가
동시에 켜진다면 좋겠다.

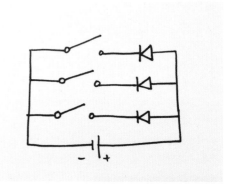

⚡ 틴커캐드 서킷

틴커캐드 서킷으로 회로를 만들어 시뮬레이션 해보자. 회로가 잘 작동하는지 확인하며 필요한 전자부품을 확정한다.

오른쪽 페이지의 완성된 회로를 보기 전에 먼저
직접 만들어보자.
사용할 부품들을 작업 화면으로 꺼낸다. 3V 코인
건전지, LED 3개, 푸시 버튼 3개를 사용한다.

병렬 회로는 어떻게 연결해야 할까?
LED의 (+)극과 (−)극을 잘 구분하여 푸시 버튼과
연결한다.

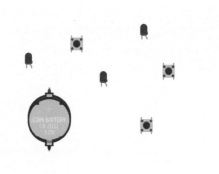

각 LED의 (+)극 다리를 코인 건전지의 (+)극과
연결한다. 코인의 (−)극은 각 푸시 버튼에 연결했
다. LED의 (−)극을 푸시 버튼의 나머지 부분과
연결한다.

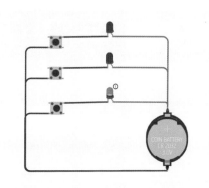

시뮬레이션을 하면 푸시 버튼을 누른 곳에서만
LED가 들어온다. 사용하는 LED 색상에 따라 저
항의 필요와 저항값을 판단한다.

⚡ 재료와 도구 준비

이제 필요한 부품과 재료, 각종 도구를 준비한다. 책과 똑같은 것을 사용하지 않아도 된다.
백색 LED를 사용한다면 저항이 필요하지 않다.

작품에 사용된 부품

사각 납작 LED 3개(두께 2mm, 크기 5×7mm)
구리테이프(폭 10mm)
3V 코인 건전지 1개

작품에 사용된 도구와 재료

8절 도화지
커터칼, 커팅 매트, 자, 가위, 비닐테이프
볼펜, 색연필, 꾸미기 도구

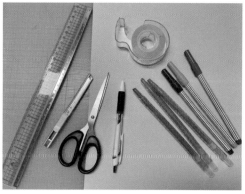

4 ⚡ 회로와 재료를 하나로

① 자판기 종이 준비

01 8절지(27x39cm) 색 도화지를 준비한다.

02 가로로 길게 두고 3등분으로 접는다.
오른쪽을 먼저 접고 왼쪽을 접는다.

03 종이를 접은 상태로 긴 쪽의 윗부분을 10cm 정도 자른다. 자른 종이는 잘 챙겨둔다.

04 가로 약 13cm, 세로 약 17cm의 카드 종이가 준비되었다.

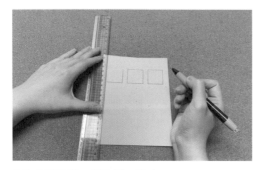

05 오른쪽의 도안을 참고하자.
맨 앞장의 윗부분에 3칸의 'LED' 칸을 그린다.

06 아랫부분에 '카드'를 댈 공간도 그려준다.

빛나는 자판기 카드 구성 한눈에 보기

대략적인 카드의 도면이다. 구리테이프, LED, 코인의 위치가 표시되어 있다. 뚫어야할 구멍의 크기와 위치가 표시되어 있지만 꼭 정확하게 맞출 필요는 없다. LED를 추가하고 싶다면 창을 많이 뚫어도 된다.

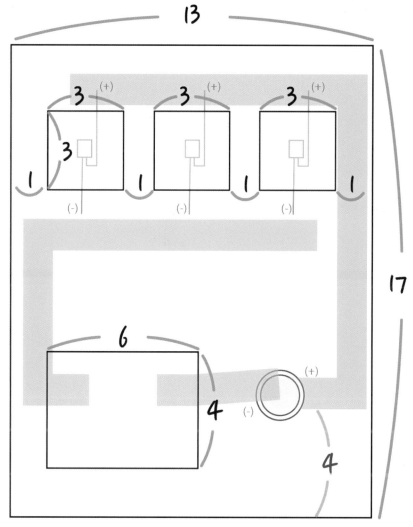

단위: cm

❷ 종이로 자판기 모양 만들기

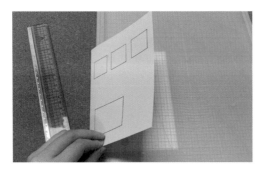

01 도면을 참고해서 그린 다음, 커팅 매트를 준비
한다.

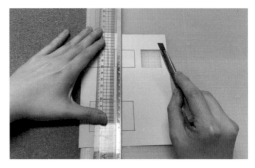

02 커팅 매트 위에 종이를 올리고 그린 선에 자를
대고 반듯하게 자른다.

03 안전한 칼질을 위해 종이의 방향을 돌려가면서
자른다.

04 '카드' 칸을 자른 종이는 나중에 사용할 것이므
로 챙겨둔다.

05 카드를 다시 접고, 자른 구멍의 위치에 맞게 뒷
장에도 칸을 그려준다.

06 구멍의 위치에 맞게 두 번째 장에도 3개의
'LED' 칸과 '카드' 칸을 그렸다.

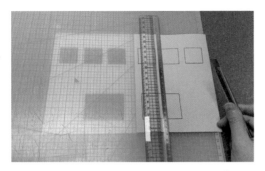

07 커팅 매트 위에 두 번째 장만 두고 '카드' 부분만 자른다.

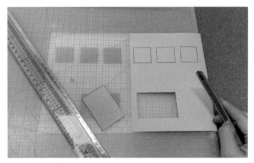

08 'LED' 칸은 자르지 않는다. '카드' 칸을 자른 종이는 나중에 사용할 것이므로 챙겨둔다.

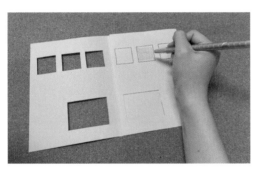

09 'LED' 칸을 원하는 색으로 칠한다. 밝은 색을 추천하며 안 칠해도 괜찮다.

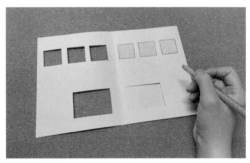

10 두 번째 장의 'LED' 칸은 색칠하였고, '카드' 칸은 구멍을 냈다.

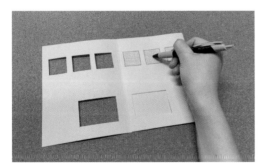

11 심이 나오지 않은 펜으로 'LED' 칸의 가운데를 꾹 눌러 LED를 붙일 위치를 표시한다. 세 곳을 모두 눌러준다.

12 카드를 열어 세 번째 장을 보면 꾹 누른 자국이 생겼다.

③ LED 고정과 연결

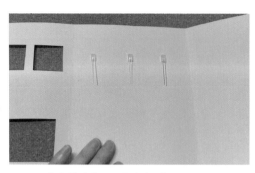

01 표시된 위치에 LED를 놓는다.
LED의 (+)극 다리가 오른쪽에 오도록 한다.

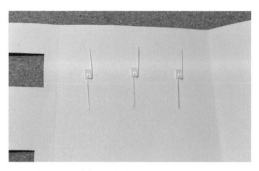

02 각 LED의 (+)극 다리를 위로 접어 올린다.

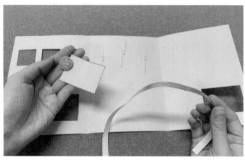

03 코인 건전지, 구리테이프 약 30cm, 앞에서 잘
랐던 '카드' 칸 종이 1장을 준비한다.

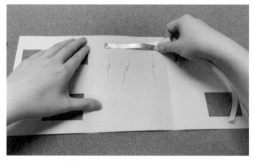

04 LED의 (+)극 다리가 있는 자리에 구리테이프를
붙인다. LED는 붙이지 않는다.

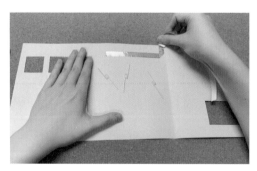

05 구리테이프를 중간에 잘라 사용하지 않는다.
위로 45° 접었다가, 아래로 접어내려 붙인다.

06 사진처럼 구리테이프를 붙인다. 너무 아래까지
내려가지 말고, 끝부분은 테이프의 종이를 떼지
않은 상태로 둔다.

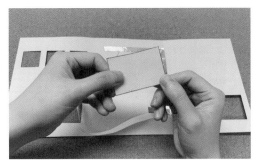

07 '카드' 칸을 자른 종이를 사용할 차례다. 잃어버렸다면 새로 만들어도 된다.

08 가로로 긴 방향으로 두고 반으로 접는다.

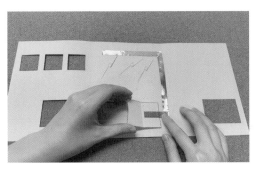

09 사진처럼 구리테이프의 끝부분에 접은 종이를 붙인다. 구리테이프가 종이의 접은 선을 넘어가지 않도록 한다.

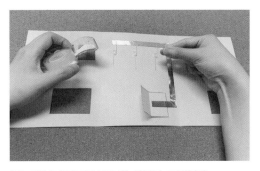

10 비닐테이프로 LED의 위치를 고정한다. LED 다리에는 비닐테이프를 붙이지 않는다.

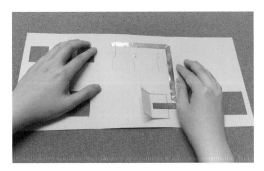

11 LED의 (+)극 다리를 구리테이프 위에 올린다.

12 그 위에 새로운 구리테이프를 붙여 고정시킨다.

13 약 10cm의 구리테이프를 준비한다.

14 접은 종이의 반대쪽에 구리테이프를 붙인다. 앞에서 붙인 구리테이프와 일직선상이지만 서로 닿지 않게 한다.

15 사진처럼 구리테이프를 접은 종이의 바깥 면, 카드 종이에 이어 붙인다.

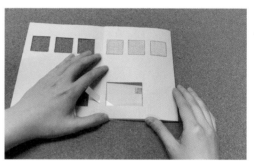

16 카드의 두 번째 장을 덮고, 사진처럼 '카드' 칸의 구멍으로 좌우에 구리테이프가 보이는지 확인한다.

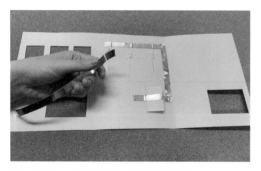

17 약 20cm의 구리테이프를 준비한다.

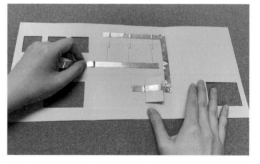

18 LED의 (−)극 다리 밑에 구리테이프를 붙여준다. 위치가 중요하다.

19 LED 다리와 구리테이프가 서로 닿지 않는다. 2mm 정도 살짝만 떨어져 있어야 한다.

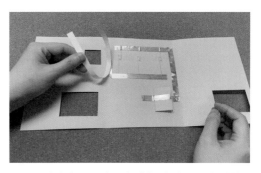

20 구리테이프를 자르지 않은 상태로 아래 방향으로 연결해서 붙인다.

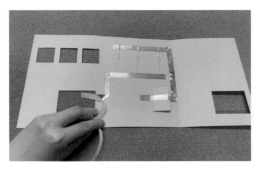

21 구리테이프를 왼쪽으로 45° 접었다가 오른쪽으로 이어붙인다.

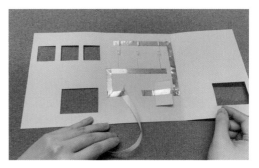

22 테이프의 끝은 앞에서 '접은 종이에서 나온 구리테이프'와 비슷한 높이로 붙인다.

23 왼쪽 종이를 덮고, '카드' 칸의 구멍으로 좌우에 구리테이프가 보이는지 확인하다.

④ 전원 연결

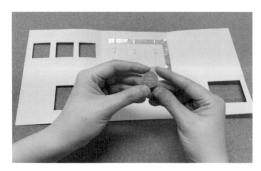

01 코인 건전지를 준비하고 (+)와 (−)극을 확인한다.

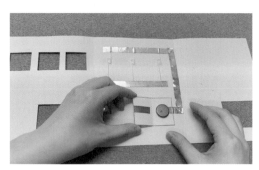

02 '카드' 칸의 접은 종이를 열고 오른쪽 면에 건전지의 (+)극이 바닥에 닿게 놓는다.

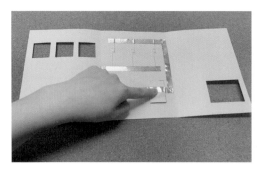

03 다시 종이를 덮어준다. 종이를 살짝 눌러 건전지가 잘 자리 잡게 만든다.

04 그 위에 비닐 테이프를 X자로 붙여 건전지가 빠지지 않게 고정한다.

종이 스위치 만들기

01 가로 5cm, 세로 2cm 정도의 종이 3개를 준비한다.

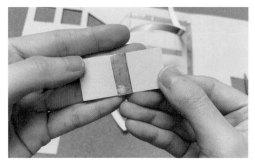

02 사진처럼 준비한 종이의 한쪽 면의 가운데에 구리테이프를 붙인다.

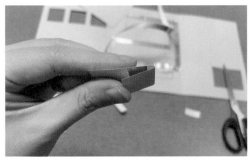

03 구리테이프가 붙지 않은 바깥 종이를 안쪽으로 접어준다.

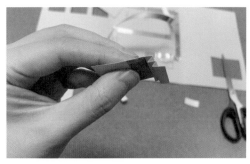

04 사진처럼 종이를 계단 모양으로 접어준다. 접힌 종이가 구리테이프가 붙은 부분을 가리지 않도록 한다.

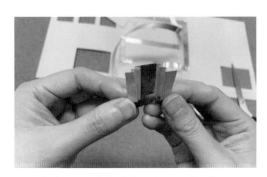

05 반대쪽도 똑같이 계단 모양으로 접는다.

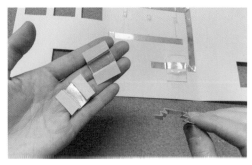

06 같은 방법으로 나머지 종이 2장도 접어 총 3개의 종이 스위치를 준비한다.

⑥ 종이 스위치 테스트와 고정

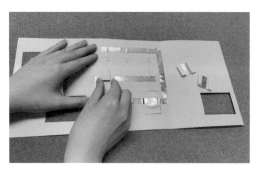

01 LED (−)극 다리 끝부분에 닿도록 종이 스위치를 둔다.

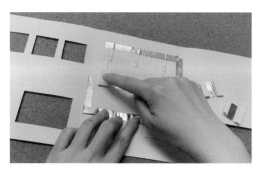

02 '카드' 칸의 서로 떨어진 구리테이프 위에 다른 구리테이프의 매끈한 면을 대서 임시로 연결한다.

03 그 상태에서 종이 스위치를 누르면 LED가 켜져야 한다.

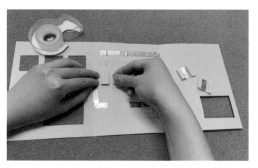

04 회로가 잘 작동한다면 비닐테이프로 종이 스위치의 위치를 고정한다.

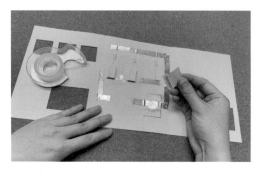

05 나머지 종이 스위치도 붙인다.

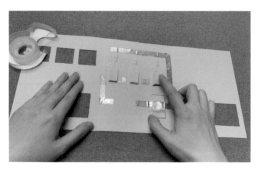

06 3개의 종이 스위치가 모두 고정됐다.

7 마음 카드와 마무리

01 '카드' 칸을 잘랐던 나머지 하나의 종이와 구리 테이프를 준비한다.

02 신용카드처럼 종이의 위쪽에 구리테이프를 붙인다.

03 이 카드가 자판기를 빛나게 하는데 필요한 '마음 카드'이다.

04 '카드' 칸에 '마음 카드'를 대어본다. 양쪽의 끊긴 구리테이프 회로가 하나로 연결된다.

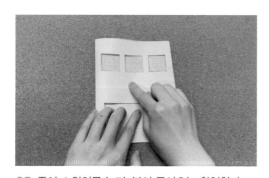

05 종이 스위치를 눌러, 불이 들어오는 확인한다.

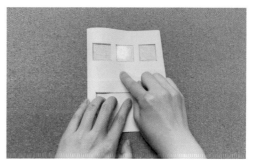

06 불이 들어오지 않는다면 코인 건전지, '마음 카드' 위치, 스위치 위치를 순차적으로 확인하고 눌러보자.

8 자판기 카드 꾸미기

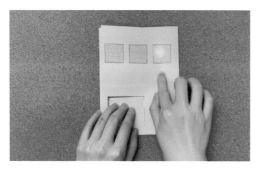

01 카드를 원래대로 덮고, 첫 번째 장에서 종이 스위치가 잘 작동되는 위치를 찾는다.

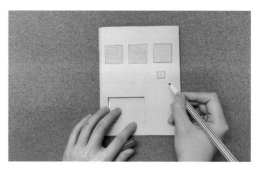

02 그 위치에 자유로운 모양으로 버튼을 그려 표시한다.

03 함께 사용해야 하는 '마음 카드'의 앞면을 꾸며 준다.

04 '마음 카드'의 뒷면도 꾸며준다. 원하는 메시지를 적어도 좋다.

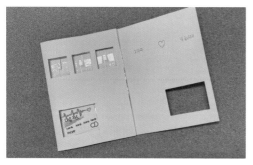

05 두 번째 장에서 'LED' 칸의 뒷면에 숨길 메시지를 적는다.

06 빛이 날 때 숨긴 메시지가 보이는지 확인한다.

➕ 메시지가 잘 안 보인다면

사용하는 종이가 너무 두꺼우면 뒷면에 적은 메시지가 안 보일 수 있다. 또는 'LED' 칸을 너무 어두운 색으로 칠해도 그렇다. 이럴 때는 두 번째 장의 'LED' 칸도 자른 다음, 그 위에 더 얇은 종이를 붙이고 메시지를 적는다.

⚡ 어떻게 바꿔볼까?

전선이 아니라 구리테이프를 이용해 마음을 특별하게 전달할 수 있는 카드를 만들어보았다. 메시지를 적는 대신 자판기 모양으로 꾸며도 좋다. 다른 모양으로도 만들 수 있을까?

나만의 작품으로 ON

또 어떤 카드를 만들어볼까?
아래의 질문으로 아이디어를 발전시켜 더 멋진 작품을 만들어보자

▶ 다리가 4개인 LED를 사용해서 누르는 스위치마다 빛의 색이 바뀐다면 어떨까?
▷ 크리스마스를 기념하는 카드는 어떤 모양이 좋을까?
▶ 진동 모터를 사용해서 부르르 떨리는 마음을 표현하는 카드를 만들어 볼까?

부르르 진동 벌레

조그만 발을 꼼틀꼼틀 움직여 앞으로 가는 벌레는 언제봐도 귀엽다.
부지런히 움직이는 모습에 자꾸 눈이 간다.

철사와 진동 모터를 사용하여 벌레의 모습을 닮은 귀여운 장난감을 만들
어보자.

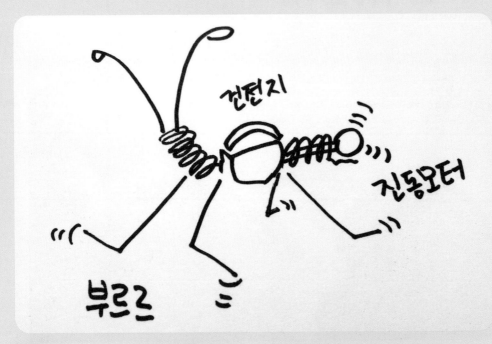

건전지

진동모터

부르르

1. 생각이 번쩍

2. 어떻게 만들까?

3. 선사 회로 구성과 테스트

4. 회로와 재료를 하나로

1 ⚡ 생각이 번쩍!

곤충 마니아인 동생과 함께 재미있는 곤충 장난감을 갖고 놀고 싶다. 작은 진동 모터를 사용해서 부르르 떨며 앞으로 나아가는 벌레를 만들어보자. 실제 벌레의 형태를 참고해도 좋고, 상상의 벌레를 만들어도 좋다.

진동만으로 벌레가 앞으로 나아가게 하려면 어떤 모양으로 만들어야 할까?

활동 ON

▶ 납땜하기
▷ 철사로 원하는 형태 만들기
▶ 진동 모터의 위치와 작품 형태에 따른
　 움직임 변화 생각하기

난이도 : ★★☆
예상시간 : 2시간 +

2 ⚡ 어떻게 만들까?

⚡ 아이디어 스케치

만들기 전에 아이디어를 그림으로 간단하게 표현해보자.
종이에 대략적인 형태와 구조, 크기 등을 생각하며 그린다.

벌레니까 쭉쭉 뻗은 다리를 여러 개 갖고 있다.
동전보다 작은 진동 모터를 사용하고, 전원으로
는 코인 건전지를 사용할 예정이다.

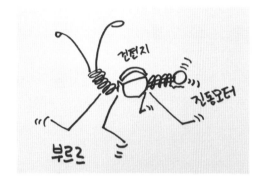

벌레 속에 전자부품이 들어가야 한다. 부품의 무
게 중심과 진동 모터의 위치에 따라 달라질 벌레
의 움직임도 고려해서 형태를 만들어야겠다.

⚡ 어떤 재료를 사용할까?

간단한 아이디어 스케치가 끝났다면 이제는 어떤 재료를 사용해서 만들지 고민해보자.

동전보다 작은 진동 모터는 힘이 세지 않다. 지점
토 정도만 되어도 너무 무거워서 움직이지 못할
것 같고, 그렇다고 너무 가벼운 재료를 사용해도
움직임을 조절하지 못하고 방방 뜰 것 같다.

가벼운 알루미늄 공예 철사를 사용해보자. 필요
에 따라 건전지와 모터의 위치를 이동하면서 형
태를 자유롭게 바꿀 수도 있다.

공예 철사 이외에 어떤 재료를 사용할 수 있을까?

3 ⚡ 전자 회로 구성과 테스트

⚡ 회로 구성

어떤 전자 부품을 사용할지, 어떻게 연결하여 회로를 만들지 생각해보자.

코인형 진동 모터로 벌레를 움직일 것이다. 코인 진동 모터와 전원은 극을 맞춰 직렬로 연결한다. 따로 스위치는 사용하지 않고, 건전지를 넣으면 바로 작동한다. 건전지를 넣고 빼는 행동 자체가 스위치 역할인 것이다.

회로는 간단하지만, 납땜을 해야 한다. 진동으로 계속 흔들리기 때문에 연결이 단단해야 한다.

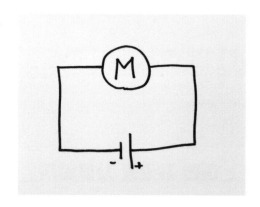

⚡ 틴커캐드 서킷

틴커캐드 서킷으로 회로를 만들어 시뮬레이션 해보자. 회로가 잘 작동하는지 확인하며 필요한 전자부품을 확정한다.

오른쪽 페이지의 완성된 회로를 보기 전에 먼저 직접 만들어보자.
사용할 부품들을 작업 화면으로 꺼낸다. 코인 건전지 1개, 진동 모터 1개를 사용한다.

건전지와 모터는 직렬로 연결한다. 모터의 (+)극
을 코인의 (+)극과 연결하고, 모터의 (−)극을 코
인의 (−)극과 연결한다.

시뮬레이션을 시작하면 모터 주변에 하얗게 진동
하는 모습이 나타난다.

⚡ 재료와 도구 준비

이제 필요한 부품과 재료, 각종 도구를 준비한다. 책과 똑같은 것을 사용하지 않아도 된다.
이번 작품에서는 사용하는 재료의 무게를 고려해야 한다.

▎작품에 사용된 부품

코인 건전지 1개
코인 건전지 홀더 1개
코인형 진동 모터(10mm) 1개

▎작품에 사용된 도구와 재료

납땜 기본 도구
알루미늄 공예 철사(두께 1mm 또는 1.5mm)
니퍼, 롱노즈 플라이어

만들기

납땜이 어렵다면 전문가에게 부탁한다. 진동 모터를 고정하기 위해 글루건을 추가로 사용해도 좋다.

4 ⚡ 회로와 재료를 하나로

① 납땜으로 전동 모터와 건전지 홀더 연결하기

계속 떨리는 진동 모터를 사용하기 위해서는 부품의 연결이 단단해야 한다. 코인 건전지 홀더와 진동 모터를 납땜으로 연결한다. 연결 부위는 수축 튜브로 감싼다.

▶ 납땜하는 방법은 108p에서 자세히 확인하세요.

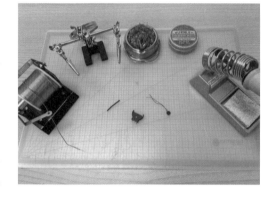

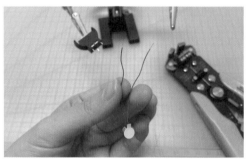

01 진동 모터의 (+)와 (−)극에 연결된 전선의 피복을 벗긴다.

02 피복이 벗겨진 부분에 페이스트를 살짝 묻힌다. (페이스트는 납이 잘 붙게 도와주는 물질이며 없으면 생략한다.)

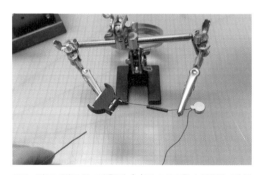

03 서드 핸드를 이용해 (+)극 부분을 납땜할 자세를 잡는다. 모터의 (+)극과 연결된 전선에는 미리 수축 튜브를 끼워놓는다.

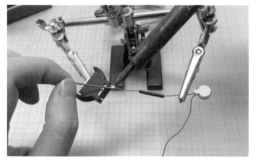

04 건전지 홀더의 (+)극 다리와 진동 모터의 (+)극을 납땜으로 이어준다.

05 서드 핸드를 이용해 (−)극 부분을 납땜할 자세를 잡는다. 모터의 (−)극과 연결된 전선에는 미리 수축 튜브를 끼워놓는다.

06 건전지 홀더의 (−)극 다리와 진동 모터의 (−)극을 납땜으로 이어준다.

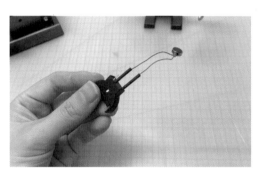

07 납땜이 완료되었다. 각각의 전선에 끼워 둔 수축 튜브를 납땜한 부분으로 이동시킨다.

08 수축 튜브 주변에 열을 가해 수축 튜브를 고정한다.

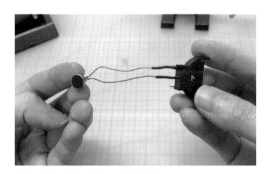

09 수축 튜브까지 고정되었다.

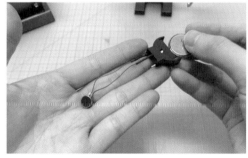

10 건전지를 홀더에 넣어 진동 모터가 작동하는지 확인한다.

⊕ 알루미늄 철사를 다루는 방법

끝은 둥글게

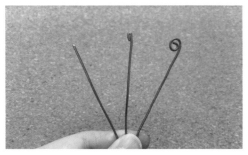

잘린 철사의 끝부분은 날카롭다. 끝부분을 접거나 둥글게 말아서 사용한다.

자를 때는 튀지 않게

도구로 철사를 자를 때는 잘리는 철사가 튀지 않도록, 잘릴 부분을 바닥으로 향하고 자른다.

둥글게 구부리기

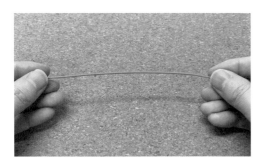

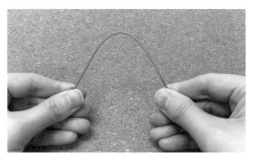

맨손으로 양쪽에서 밀어 구부린다. 철사가 둥글게 구부려진다. 다시 손으로 펴도 철사에 흠집이 남지 않는다.

도구로 구부리기

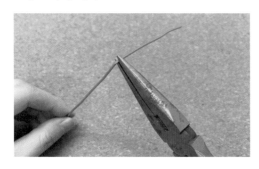

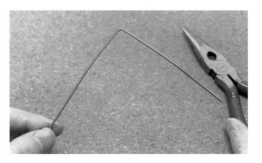

롱노즈 플라이어와 같은 도구를 사용하면 철사를 직각으로 구부릴 수 있다. 도구를 사용해 구부린 철사는 펼치면 그 자리에 흠집이 남는다.

감아서 서로 연결하기

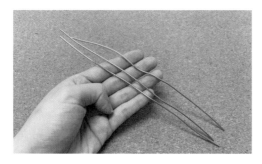

잘린 철사를 서로 감아 거미줄 모양처럼 만들어서 사용할 수 있다.

둥근 물체에 감아서 모양 만들기

색연필, 딱풀과 같은 둥근 물체에 철사를 감아서 모양을 낼 수 있다. 용수철처럼 감은 다음, 다시 눌러서 펼쳐 모양을 낼 수도 있다.

말아서 면적 만들기

달팽이처럼 돌돌 말으면 넓은 면을 가진 모양을 만들 수 있다.

② 1.5mm 철사로 만들어 보기

정해진 방법은 없다. 자유롭게 철사를 자르고, 접고, 꼬아서 벌레를 만들면 된다. 1.5mm 알루미늄 공예 철사는 단단해서 모양을 잡기 어려울 수 있지만, 한번 만들어 놓으면 형태가 잘 유지된다.

짧은 철사를 잇기보다 긴 철사를 구부려가며 형태를 만드는 걸 추천한다. 코인 건전지 홀더와 진동 모터의 위치를 생각하면서 만들어보자.

01 1.5mm 철사를 30cm 정도로 두 개 잘라 준비한다.

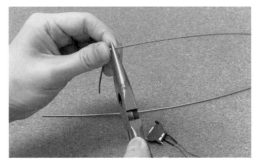

02 롱노즈 플라이어를 이용해 가운데를 직각으로 꺾는다.

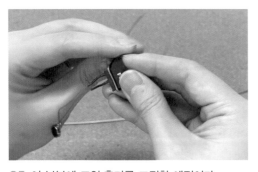

03 이 부분에 코인 홀더를 고정할 예정이다.

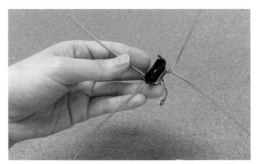

04 두 개의 철사를 ㄷ자로 꺾어 홀더의 크기에 맞춘 다음 꼬아서 고정한다.

05 남은 부분의 철사를 접어서 앞다리를 만들어 준다.

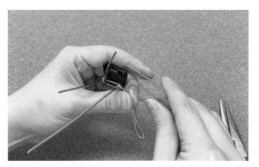

06 반대쪽 철사도 접어서 뒷다리를 만들어 준다. 이 벌레는 다리가 4개다.

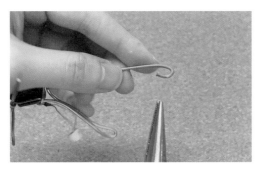

07 끝에 삐죽한 부분은 롱노즈 플라이어로 둥글게 처리한다.

08 철사를 돌돌 말아 진동 모터를 올려둘 자리를 만든다.

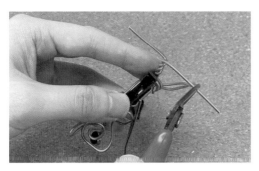

09 남는 철사를 같은 길이로 잘라 더듬이를 만든다.

10 다리가 4개인 진동 벌레가 완성되었다. 건전지를 넣어 테스트 해보자.

③ **1mm 철사로 만들어보기**

이번에는 1mm 알루미늄 공예 철사를 사용한다. 철사가 얇아서 모양을 잡긴 쉽지만, 형태가 쉽게 변형된다.

짧은 철사를 잇기보다 긴 철사를 구부려가며 형태를 만드는 걸 추천한다. 코인 건전지 홀더와 진동 모터의 위치를 생각하면서 만들어보자.

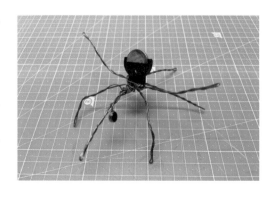

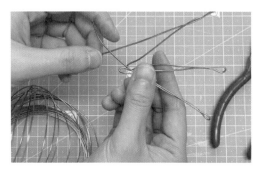

01 1mm 철사를 자르지 않고 10cm 정도로 반복해서 지그재그로 접는다.

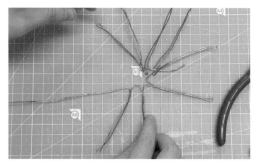

02 8개의 다리가 만들어졌다. 철사를 20cm 정도 남겨두고 자른다.

03 남은 철사로 가운데를 감아 다리를 모아준다.

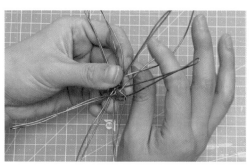

04 가운데에 건전지 홀더를 어떻게 둘지 생각하며 형상을 만든다.

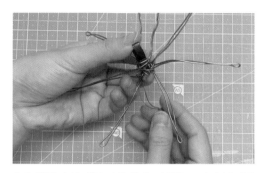

05 건전지 홀더를 가운데에 고정하고 다리 하나를 정해 진동 모터를 감아준다.

06 나머지 다리도 꽈배기처럼 서로 감아서 튼튼하게 만든다.

⚡ 어떻게 바꿔볼까?

건전지를 넣고 벌레의 움직임을 관찰해보자. 진동할 때 모든 다리가 바닥에 닿는지 확인한다. 다리의 모양도 바꿔보고, 건전지 홀더와 모터의 위치를 미세하게 바꿔보자. 이전과 움직임이 어떻게 달라졌을까?

나만의 작품으로 ON

진동할 때 벌레가 앞으로 이동하려면 어떻게 만들어야 할까?
아래의 질문으로 아이디어를 발전시켜 더 멋진 작품을 만들어보자.

▶ 철사를 너무 많이 감으면 벌레가 무겁지 않을까?
≫ 다리는 많은/적은 것이 좋을까? 다리가 높은/낮은 것이 좋을까?
▶ 건전지의 위치는 진동 벌레의 움직임에 어떤 영향을 줄까?
≫ 모터의 위치는 진동 벌레의 움직임에 어떤 영향을 줄까?

영진닷컴 SW 교육

영진닷컴은 초, 중학생들이 SW 교육을 쉽게 배울 수 있도록 언플러그드, EPL, 피지컬 컴퓨팅 등 다양한 도서를 구성하고 있습니다. 단계별 따라하기 방식으로 재미있게 설명하고, 교재로 활용할 수 있도록 강의안과 동영상을 제공합니다.

인공지능,
언플러그드를 만나다

홍지연 저 | 202쪽
16,000원

인공지능,
스크래치를 만나다

홍지연 저 | 152쪽
14,000원

인공지능,
엔트리를 만나다

홍지연 저 | 184쪽
16,000원

인공지능,
엔트리 수학

홍지연 저 | 152쪽
15,000원

메이커 다은쌤의
TINKERCAD
2nd Edition

전다은 저 | 176쪽 | 13,000원

코딩프렌즈와 함께 하는
스크래치 게임 챌린지

지란지교에듀랩, 이휘동 저
200쪽 | 13,000원

코딩프렌즈와 함께 하는
엔트리 게임 챌린지

지란지교에듀랩 저 | 216쪽
13,000원

언플러그드 놀이
교과 보드게임

홍지연, 홍장우 공저 | 194쪽
15,000원

즐거운 메이커
놀이 활동
언플러그드

홍지연 저 | 112쪽 | 12,000원

즐거운 메이커
놀이 활동
마이크로비트

홍지연 저 | 112쪽 | 12,000원

아두이노, 상상을
현실로 만드는
프로젝트 입문편

이준혁, 최재규 공저 | 296쪽
18,000원

마이크로비트, 상상을
현실로 만드는
프로젝트 입문편

이준혁 저 | 304쪽 | 18,000원

메이커가 처음 만나는
기초 전기전자 AND 린커캐드 서킷

1판 1쇄 발행 2022년 4월 19일

저 자 | 전다은, 엄주홍
감 수 | 임병율
발 행 인 | 김길수
발 행 처 | ㈜영진닷컴
주 소 | ㈜08507 서울 금천구 가산디지털1로 128
STX-V타워 4층 401호
등 록 | 2007. 4. 27. 제16-4189호

©2022. ㈜영진닷컴

ISBN | 978-89-314-6604-1

YoungJin.com **Y.**
영진닷컴